學習如何學習

Learning How to Learn

How to Succeed in School Without Spending All Your Time Studying; A Guide for Kids and Teens

Barbara Oakley
芭芭拉・歐克莉

Terrence Joseph Sejnowski
泰倫斯・索諾斯基

Alistair McConville
阿利斯泰爾・麥康維 —— 合著

林金源 —— 譯

推薦序——給未來的你，最好的禮物

打開這本書，你也打開了能夠幫助你一生的學習工具箱。

二〇一八年，歐克莉教授和我才剛在新竹與台北辦完兩場見面會及一場研討會演講，就一陣風似地飛到上海交通大學，去主講為大學教師開設的線上教學工作坊。在機上的聊天空檔，我問她：「您常在演講中提到，您在家中地下室開拍『學習之道』（Learning How to Learn）這門擁有全世界最多學生的磨課師（Mass Open Online Courses, MOOCs）的原因，但有沒有其他的動機，是您從未對外分享過的呀？」

歐克莉教授聽到我的問題，馬上綻開了溫暖的笑容。她問我：「鏗任，每個孩子在長大的過程中，都會遇到許許多多的老師。你覺得，她／他在學習的這條路上，是遇到『王牌』的機會比較大？還是『亡牌』的機率比較高呢？」我秒懂，當場就笑了出來。我回答她：「好好好，妳得點了！」因為我的專業是為中小學的學生培養出未來的好老師，老實說，我笑得有些尷尬。

我必須承認，在成長的路上，可能要花上很長的時間，才能遇見一位跟你契合、又願意啟發你的好老師，這總是需要一點好運氣；更不用說，我們大人一直到了最近幾年，才把老師應該要教你的學習策略和自主學習能力的培養，放進教育部制訂的課程綱要中。歐克莉教授進一步解釋：「如果學生有機會在網路上學到有憑有據的學習方法，就算他遇到的老師或大人沒辦法幫助他，他還有機會自己幫助自己，不是嗎？」

「學習之道」這堂在 Coursera 超過兩百四十萬人選修的磨課師，和一般坊間提供給爸爸媽媽參考的教養書裡所談的經驗法則（rule of thumb）不同，歐克莉及索諾斯基（Terrence Joseph Sejnowski）兩位教授，是以腦科學與認知心理研究的重要證據作為基礎，與上課的學生分享有效學習與理解的策略。

然而，這麼棒的課程，卻有兩個美中不足之處。一來，「學習之道」原先是提供給成年人看的（至少閱讀程度設定在高中以上），二來，兩位作者說的是英語，那麼不懂英文的人可就聽不懂啦！（歐克莉老師也會說俄文，但她還不會說中文呢！）在修習過「學習之道」的學生回饋中，你會一直看到「唉呀！要是我國小有機會來上『學習之道』這門課就好了！」「真是相見恨晚啊！」「我好希望在小時候就有老師教我怎麼學！」等諸多學子的心聲。

於是，歐克莉教授特地找來動畫師合作，將成人版的「學習之道」再次拍攝成適合中小學生觀看的英文影片。二〇一八年夏季，這組十六支、各五分鐘的短片在Coursera這個全球最大的磨課師上線，由歐克莉、索諾斯基及學習教練格雷格·哈蒙斯（Greg Hammons）共同合作，深入淺出地解釋了《大腦喜歡這樣學》（*A Mind for Numbers*）一書中介紹的自學策略。你手上的這本書，正是歐克莉教授「青少年學會學」（*Learning How to Learn for Youth*）課程的搭配讀本，書中有趣靈活地運用比喻和故事，解釋策略背後的原理，以及你可以如何透過練習，把書上的學習策略，變成你隨身攜帶的學習絕招。

此外，她還邀集各國與學習如何學習有志一同的教師們拍攝短片，請優質的出版社將此讀本譯為阿拉伯語（卡達）、烏克蘭語、俄語、西班牙語和中文等各國語言，讓世界各地的老師能用當地學生的語言，將「學習之道」傳授給學生。

在台灣，這組短片的繁體中文版，邀請到三位背景和學習歷程各異的專家共同錄製——分別是腦與認知科學家黃緒文教授、關心偏鄉教育的台南市原住民議員谷暮哈就女士，以及我；短片將於二〇一九年下半年，在全台最大的「育網開放教育平台」（www.ewant.org）上線。同時，我們也製作了給父母和老師使用的線上手冊，讓學習者可以運用短片中的概念，和爸爸媽媽一起作練習（比方說「記憶宮殿」！），豐富自己的學習工具箱。

很高興由歐克莉教授與泰倫斯·索諾斯基及阿利斯泰爾·麥康維（Alistair McConville）三位專家撰寫的精彩著作 *Learning How to Learn* 繁體中文版即將在台灣出版，相信會對中文世界的學習者帶來莫大的幫助。如果你對書裡的內容有不解之處，都歡迎上網來找我們討論喔！

Happy Learning!!

——本文作者為國立交通大學教育研究所助理教授／陳鏗任，二〇一九年四月

目錄

index

推薦序　給未來的你，最好的禮物／陳鏗任老師　003
前　言　寫給家長和老師　009
第一章　熱情這回事　011
第二章　慢慢來　027
第三章　我待會兒就做，真的！　047
第四章　腦連結與太空異形　067
第五章　老師書桌的另一邊　093
第六章　邊睡邊學　103
第七章　書包、置物櫃和注意力章魚　119
第八章　強化記憶　129
第九章　腦連結　147
第十章　社群共學，發掘你的使命　161

第十一章　鍛練大腦 171
第十二章　形成腦連結 183
第十三章　問自己重要的問題 205
第十四章　學習帶來的驚喜 223
第十五章　如何考出好成績 237
第十六章　從被動到主動 249
【小測驗練習】解答 261
註釋 275
誌謝 286
作者和插畫家簡介 288
推薦資源 293
插畫版權 295
參考資料 298

前言——寫給家長和老師

歡迎閱讀這本書。你正在幫助孩子們更有效地學習，這表示我們站在同一陣線！這本書裡的某些概念已經在芭芭拉的暢銷書《大腦喜歡這樣學》中探討過。許多讀者覺得這些概念簡單而且實用，應該和年幼的讀者分享。我們聽到成千上萬的讀者反應說，這些概念對於學習所有的科目都很管用，不光是數學而已。

這本書專為九至十二歲孩童和青少年量身打造，不過即使你已經是個成年人，也能在書中發現許多實用的新鮮概念。只要稍微理解大腦的運作方式，就能使「學習」這件事變得更有樂趣、更少挫折。

這本書有幾種閱讀方式。有些孩子可以靠自己閱讀，也可以和朋友一起討論書裡提到的關鍵概念，這能幫助他們在腦中鞏固這些概念。有些孩子（和成人）則可能希望快速瀏覽過這本書，以為只要從頭到尾看過一遍，就能知道所有的秘訣。這種想法錯得厲害！積極投入才是關鍵——每個習題只有在被解答之後，才能發揮益處。

閱讀這本書，最好在手邊準備一本筆記本，在讀的過程中做筆記、回答習題，還可以多多運用洞察力來塗塗畫畫。如果是大人陪著孩子一起閱讀，以略讀的方式理解，也要記得一件事：越是帶領孩子深入探討、提問和互動，就越有收穫。

如果你已經是為人父母親或爺爺奶奶、叔叔阿姨，我們建議你讓孩子大聲朗讀這本書給你聽。通常，一次連續讀個半小時，算是很適切的長度。（比較年幼的孩子可以朗讀短一點的時間。）朗讀是一種有趣的冒險活動，能讓你們全家一起進入學習的情境。

如果你是一名老師，不妨和學生一起讀這本書。或者，你可以安排一段默讀時間，接著再讓大家分享、討論。你會發現這本書能提供你許多實用的語彙，協助你教授各種科目。

說到「去學習怎麼學」這件事，年紀越小、越早開始越好，因為長大以後才會有更多時間去運用這些工具。此外，它也會為你創造機會，讓你得以應付隨著時代變化而出現的新職業。

感謝你參與這場學習之旅，讓我們一起探索吧！

——芭芭拉·歐克莉、泰瑞·索諾斯基與艾爾·麥康維

1 熱情這回事

嗨，我是芭芭拉，很高興認識大家！

告訴你一個秘密。在我的成長過程中，我算是個糟糕的學生。這樣說好了，如果是我喜歡的科目，我的成績還不錯，但其他科目就甭提了。

大家都說要我「跟著熱情走」。我以為這句話意思是說，只要做我喜歡的事，不用管那些我不喜歡的事。對我來說，那聽起來是個很棒的建議。我討厭數學和科學，所以避開這些科目，彷彿它們是毒藥。遇到不得不修這些課程的時候，我的成績就很爛，或者直接被當掉。

如今，我是一名工程學教授喔，讓你嚇一跳吧？工程師需要深厚的數學根基和科學知識。我現在確實很專精數學和科學領域的知識，而且很喜歡它們。我是怎麼辦到的？因為我發現了學習的奧秘！

這是一本教你如何學習的書，專門為九到十二歲孩童和青少年所撰寫，但內容卻適用於每一個人。這本書涉及各式各樣的學習，無論你對足球、數學、舞蹈、化學、騎獨輪車、另一種外語、更精通電玩遊戲感興趣，或者你想瞭解一顆球是如何彈跳的物理學知識，本書都很適合你。

我們的大腦是一種神奇的器官，也是宇宙間最精密的小機件，它會根據你對待它的方式而改變構造。只要明白更多學習的訣竅，我相信每個人都能學好任何科目。你的大腦遠比你以為的要來得強大，你只需知道如何啟動它的力量。

無論你現在已經是個資優生，還是你是個不怎麼優秀的普通學生，都有極為簡單的訣竅能改善你的學習狀況。這些訣竅也讓學習變得更好玩。（舉例來說，在書裡

這是我的照片——芭芭拉・歐克莉。我知道我可以學到的東西，遠比我以為的還要多。

你會遇見殭屍！不過別擔心，他們多半是想幫助你好好學習的友善殭屍！）

我與泰瑞・索諾斯基（Terry Sejnowski）教授合寫了這本書。泰瑞瞭解許多關於腦科學（也就是「神經科學」）的事。＊一談到學習，泰瑞可是專家。他和許多神經科學家一起合作研究出許多方法，幫助我們學習得更好。另外，如心理學†和教育學等其他領域的教授們，也發現了許多關於學習的知識。

＊你或許想知道，句尾這個＊符號是做什麼用的。星號用來指出「註釋」，表示你可以在這一頁最左側找到關於這個詞彙的更多資訊。這本書裡也會出現其他符號，如劍標或雙劍標。尾註通常包含與附帶主題相關的有趣資訊，或者只對想更進一步理解的讀者有用。你不必非得看註釋不可，除非你很好奇，想多知道一點背景知識。

†心理學是一門研究我們如何思考和表現的科學。有些愛開玩笑的人喜歡說，心理學是一種用你不瞭解的詞彙，來說明你早就知道的事的學問。心理學的確會使用一些艱深的術語來解釋重要概念。在這本書中，我們會試著替你翻譯。

泰瑞和我想與你分享這些有趣的知識，我們想幫助你提升學習力。這本書中以科學為基礎的觀念，都由我和泰瑞負責。而阿利斯泰爾（艾爾）・麥康維（Alistair McConville）也是我們團隊的重要成員，他擁有多年教導青少年和孩童的經驗，有他的幫忙，這本書的文字保證輕鬆好讀，容易理解。

泰瑞和我知道提升學習力是很有可能辦到的。我們怎麼知道？因為我們教授了全球最大的「大規模開放線上課程」（"MOOC"），這門課就是「學習如何學習」。我們在全世界有好幾百萬個學生，透過這個課程，我們看見各式各樣的人在學習方面獲得了重大的進展。這個課

本書另一位共同作者阿利斯泰爾・麥康維。艾爾有青少年教育的豐富經驗！

本書的共同作者泰倫斯（泰瑞）・索諾斯基。他是研究大腦的專家。

程有用並不令人意外，因為這門課奠基於目前已知最出色的研究，所以我們知道它會管用！

即便你已經是很優秀的學生，也能進一步提升學習力，而一般程度的學生就更不用說了。我們要教你的技巧不見得會讓「學習」這件事變得超簡單，但會讓你有更多時間去做你喜歡的事，無論是打電玩、踢足球、看YouTube，或者只是和朋友待在一塊兒殺時間。事實上，你還能利用這些概念，提升你踢足球或打電玩的功力！

只要學會如何學習，會讓你的學生生涯充滿樂趣，減少挫折感。我們會給你一個強大的工具來改善記憶力、讓你迅速完成工作，成為專家，無論你選擇什麼科目來學習。你會在書裡發現許多不可思議又激勵人心的洞見。舉個例子好了，如果學習對你來說是件緩慢而且困難的事，這表示你在創意領域擁有一種特殊的優勢！

然而，學會如何學習的好處不止於此，它能為你的未來開啟完整的視野。未來的職場非常需要具備多種才能、富有創造力的人加入，我們現在就來幫你培養你原本就擁有的多種才能和創造力！

這本書你大可跳著讀！

如果你想直接瞭解什麼是最有效的學習法，那麼現在就跳到本章最後的「換你試試看」單元。但如果你想知道更多關於芭芭拉的故事，以及她如何改變大腦，讓學習力大躍進，請繼續往下讀。（你會跟著她到南極洲的南極喔。）

稍後，你可以聽聽泰瑞和艾爾的故事，你會發現我們這群人有多麼不同。

我如何改變大腦

小時候的我很喜歡動物和手工藝，但是我討厭數字，我恨數學！舉例來說，我總是被老爺鐘搞得一頭霧水。為什麼時針比分針短？小時不是比分鐘更為重要嗎？那麼時針為什麼不是最長的？我真是搞不懂時鐘啊。

科技也不是我的朋友。我永遠搞不清電視機上那一大堆按鈕（那是還沒發明遙控器的年代）。這表示，我只有在哥哥或姊姊負責解決「技術」問題時，才能看電視。所以，我覺得在數學和科學這些方面，我實在沒什麼指望。

我家裡發生的事故讓事情變得更糟。我十三歲時，爸爸因為背部受傷而失業，我們被迫搬家。事實上，我在成長過程中經常搬家。等到我十五歲時，已經住過十個地方。每次我進了一所新學校，就丟掉了某個部分的數學。我覺得很失落，好比拿起一本書，結果發現裡面的章節全都亂了套，在我眼裡毫無意義。

我完全喪失了對數學的興趣。我幾乎以「數學很爛」為榮。我把數字和方程式看成致命的疾病，不計代價避開它們。我也不喜歡科學。記得我第一次做化學實驗，我的老師給我們這組伙伴一種跟其他同學都不一樣的化學物質，還取笑我們竟然想方設法，企圖弄出和別人一樣的實驗結果。幸好，我擅長別的科目。我喜歡歷史、社會研究及跟文化相關的每樣東西。我在這些課程得到好成績，順利從高中畢業。

由於我跟數字合不來，所以我決定學外語。從小到大，我身邊的人都只說英語，我覺得會說一種跟別人不同的語言頗有異國情調，但是我負擔不起上大學的費用，怎麼辦？我發現軍方願意付錢讓我去學新的語言。所以高中畢業後，我就入伍學俄語。為什麼選擇俄語？其實沒有特別原因，只是覺得俄語好像挺有趣的。

我就讀加州的國防語言學院（Defense Language Institute），這所學校精通語言教學。學一種新語言對我來說並不容易，我記憶力不好，必須大量練習，但我慢慢有了進步。最後我的成績竟然能夠拿到獎學金（也就是我可以免費上學的意思），所以我進了一所普通大學，繼續念俄語。我興奮得不得了！我順應我的熱情學習了新的語言，然後得到了好結果。一切順理成章，直到發生了某些事。

十歲的我和一隻名為「伯爵」的小羊。我喜歡奇怪的動物、閱讀和做夢。數學和科學都不是我的菜。

災難降臨

有一天，軍方任命我為通訊兵團的軍官。這表示我得跟我的「老敵人」——科技一起合作，包括無線電、電纜和電話等……我從一個語言專家，變成一名有如回到高中時代上化學課的學生。我失落極了。接下來，我被派到德國管理五十名專精於通信的士兵，必須接觸更多的科技，結果我的工作表現其差無比。你想，如果我不會架設通信設備，我要如何教士兵們做這件事？反觀我周遭的軍官和他們的團隊都進展得非常順利，他們是工程師，對科技、數學和科學感到很自在。

我二十六歲就離開了軍隊，但沒人想雇用我。我的語言技能很棒，但我不具備其他能夠就業的技能。光憑著熱情，我沒有太多選擇。語言和文化的重要性雖然不會改變，但對於現在這個社會來說，科學、數學和科技也很重要，我想獲得這些領域提供的機會！但是這樣一來，我就得重新訓練我的大腦來學習數學和科學了。

我有可能辦到嗎？我決定放手一搏。

重新打造職涯

我回到大學念工程學。我從最簡單的數學課開始上——那是為高中數學不及格的人開設的代數課程。起初我覺得好像被矇住了眼睛，其他學生輕輕鬆鬆找出問題的解答，我卻不然。頭幾個月，我深深懷疑自己做的決定是否正確。

倘若當時我知道我現在知道的事，事情肯定容易多了。當然，這正是本書要談的東西。我要與你分享最佳的腦力學習工具，好讓你不必像當年的我那樣辛苦掙扎。讀了幾年大學後，我可以選擇的職業變多了。我的語言技能仍然派得上用場，例如我在一艘俄國漁船上擔任過翻譯。但我也開始運用新的技能，最後我甚至到南極站擔任無線電操作員。

順便告訴你，南極站是我遇見我丈夫菲爾的地方。左頁的照片中，他才剛剛在零下七十度的狂風中待了十分鐘。我們要約個會，就得跑到地球盡頭碰面！假使我沒有學好數學和科學，我就不會遇見他。現在我們已經結婚快三十五年了（稍後你會認識我們的孩子。）

最後，我獲得了電機工程學學位。當了四年工程師，我回到學校取得電機和電腦工程學碩士學位。接下來我多讀了幾年書，取得系統工程學的博士學位，因此有時別人會稱呼我為歐克莉「博士」（但我還是比較喜歡大家叫我芭芭拉）。我變成了專門理解複雜數學方程式和科學概念的專家，而原本我是個連電視機都不會操作的女孩。

我為我的大腦重新接線，讓我能夠克服弱點。

身為一名教授，現在的我對於人們如何學習非常感興趣，因此我也認識了本書的共同作者泰瑞·索諾斯基。我們聊了很多關於學習的事。另外，我也認識了本書另一位作者阿利斯泰爾（「艾爾」）·麥康維。他用很特別的方法知道了該如何學習才會有效。

我們想和你分享：如何讓你的腦袋懂得

我的丈夫菲爾（Phil Oakley）在華氏零下七十度的南極戶外待了十分鐘。他是我的偶像！

學習，這些技巧很簡單。許多極有天份的成年人告訴我們，如果他們年輕時能掌握這些技巧，他們的學習之路一定會輕鬆不少，甚至可能改變他們的一生。

你知道嗎？你擁有特殊的學習天賦。如果你趁年紀還小的時候就將它釋放出來，就能在往後的人生裡享用屬於自己的天賦。

你可能會想：你應該只要專注在容易的科目就好。但我的故事說明了你也可以學好那些你不喜歡的科目。事實上，順應熱情是一件好事，但拓展熱情則會開啟奇妙的機會。去學習那些你自以為無力應付的科目，就是一種冒險！

你可能很難相信，如果某個科目讓你感到困難重重，哪裡有可能成功地學會它？但是神經科學（也就是「腦科學」）告訴你，沒有問題的！你的大腦就像一套驚人的工具組，而你的任務是學會何時及如何使用這些工具。畢竟，你不會拿個錘子來轉動螺絲釘吧。

無論如何，這些技巧的成功說明了我的遭遇，以及為什麼泰瑞、艾爾和我要寫下這本書。下一章，我要告訴你，對學習感到挫折是怎麼一回事，而且有個簡單的秘訣，可以讓學習變得輕鬆又愉快。

換你試試看

來一場圖畫散步！

以前我在讀書時，會將課本一頁一頁仔細讀過，盡量在進入下一頁之前，確保我已經瞭解了所有的概念。這樣的閱讀方式聽起來很合理，對吧？

大錯特錯，千萬不要這麼做！

相反的，當你開始讀一個章節，你應該先來場全章的「圖畫散步」*。粗略瀏覽過這一章的內容，快速掃過圖片、圖說和圖表，但不要忘了看一下段落標題、粗體

＊有時這也稱作「文本散步」

進行全書的「圖畫散步」很重要。在開始細讀前，記得先看一下圖片和段落標題。

字和摘要，甚至這一章最後提出的問題是什麼——如果最後有問題的話。

這或許聽起來有點怪，你會說，「我都還沒好好讀進去這一章呢！」但是，這麼做會讓你的大腦知道接下來的內容。這有點像看一段電影預告，或者在旅行出發前先查看地圖。深入閱讀之前花個一兩分鐘預覽，可以組織你的思維，而且成效驚人。即便你是在電子裝置上閱讀，這一招也同樣有效。你只需要用書籤標記章節，就可以輕鬆回到一開始的地方了。

請想像一個衣櫃。圖畫散步是「衣架」，讓你組織好正準備理解的資訊。如果沒有這些衣架，所有的衣服都會掉在地上，亂成一團。

重要觀念

找一本筆記本或一張紙，在閱讀下個章節時做點筆記、回答問題，並且畫出關鍵概念的塗鴉。這能避免你在閱讀時不去動腦，也能將新的概念牢牢固定在你的腦中。當然，在你進入下一章之前，務必先來個「圖畫散步」。同時試著回答這一章最後的問題，瞭解學習目標。如果你在閱讀每一章時，都能養成這個好習慣，你會發現書裡的概念會發揮更大的功效！

2 慢慢來

為何有時太努力，反而會出錯？

你的老師或父母是否曾經告訴過你要專心？你或許也提醒過自己要專心！因為我們實在很容易分心。有時候，不管窗外發生什麼雞毛蒜皮的小事，似乎都比眼前的事來得更有趣；上課或唸書時，你就是忍不住會想到朋友或午餐之類的事情。

分心是一件壞事，對吧？

哦，也許不是哦。我們來想一想。

看看下一頁圖片左邊的那個男孩。他正在和右邊那個人比賽下棋。這個男孩真沒禮貌，不是嗎？看起來就是那種典型的十三歲小男孩，很不專心！（你一定聽過大人說過這種話？）

令人吃驚的是，卡斯帕洛夫並沒有贏得比賽，兩個人最後以和局收場。世界上最厲害的棋士竟然無法打敗一個看起來沒什麼希望、還總是分心的十三歲少年。

嚇一跳吧！有時我們需要失去注意力，才能更清楚地思考。當你在學習或解決問題時，偶爾放空一下腦袋，可能會有幫助。被拍到這張照片後不久，馬格努斯回到桌前再度專心下棋。他休息了一會兒，回來時更能保持專注。這一章就要告訴你，為了成為一個更好的學習者，有時候你需要**不那麼專心**。

十三歲的馬格努斯・卡爾森（Magnus Carlsen，圖左）和傳奇的西洋棋天才加里・卡斯帕洛夫（Garry Kasparov）在二〇〇四年的「雷克雅未克快棋」錦標賽中對奕。馬格努斯在比賽中突然離席，走到附近旁觀其他的棋局，讓卡斯帕洛夫感到一陣訝異。卡斯帕洛夫是有史以來最優秀的棋士之一，而馬格努斯卻不專心應戰，所以他輸定了，對吧？

思考有兩種！

在上一章，我提到「神經科學」這個詞。神經科學家利用新的腦部掃描技術查看腦內的情況，以對它的狀況能更清楚地掌握。神經科學家發現，你的大腦會以兩種不同的方式運作，稱為「專注模式」和「發散模式」。這兩種模式都能發揮學習的重要功能。

專注模式

當你進入專注模式，表示你正在集中注意力。例如你設法解開某一道數學題，或者正注視著老師仔細聽課，或者你在打電玩、拼拼圖或學某種不同語言的單字時，也是保持專注的。一旦你開始專注，大腦中特定的腦部位就開始工作。開始工作的是哪些腦部位，取決於你在做什麼事情。舉例來說，當你在處理乘法問題，你的專注力會使用到不同於說話的腦部位。*1

* 句尾這個小小的數字1（就在註腳符號之後）代表「尾註」。它告訴你書末有一條提供更多資訊的註釋，通常是與這個主題相關的研究。你可以看看本書最後的第一條尾註，就能瞭解尾註的用處。

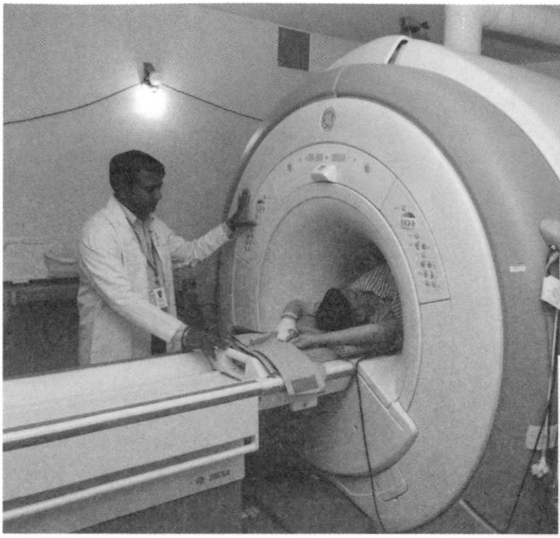

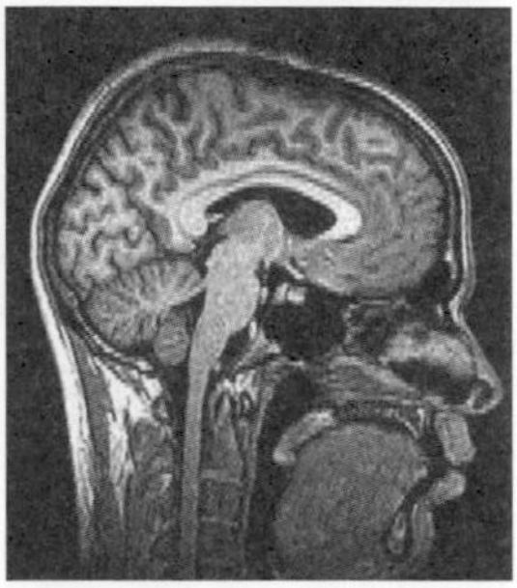

圖左側的腦部掃描人員正盯著掃描機。接受檢查的人躺在專用的床上，滑進掃描機。接下來掃描機會拍出他們腦袋裡的照片，就像右圖那樣。很酷吧！

處於專注模式時，你投入大量的注意力。

在發散模式中，你並沒有特別在思考什麼事情。

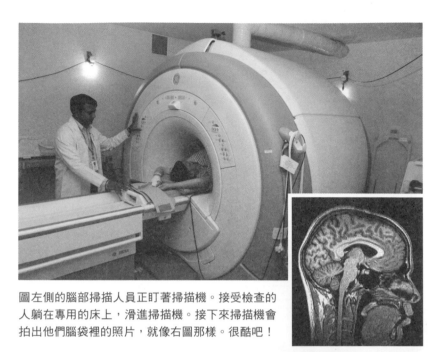

所以，當你設法學習一樣新的東西，首先就要保持專注，以便「開啟」這些腦部位，展開學習的過程。

發散模式

如果剛才講的是專注模式，那什麼又是「發散模式」？發散模式是讓頭腦放鬆和空閒的狀態，這個時候，你沒有特別想著某件事。當你大做白日夢，或純粹因為打發時間而隨意亂塗鴉，就是處於發散模式之中。如果上課時聽到老師突然喊你「專心一點！」，代表你剛剛可能已經進入了發散模式。

當你處於發散模式之中，你輕度使用了不同於專注模式的腦區。發散模式可以幫助你進行概念之間的連結。我們的創意往往是在進入發散模式的時候才會冒出來。原來，為了讓學習有成效，你的大腦必須往返於專注和發散模式之間。

彈珠檯遊戲

為了理解專注模式和發散模式，我們用「彈珠檯」的遊戲來做比喻。這個遊戲玩起來很容易，你只需要拉動撞球桿，一放開拉桿，撞球桿會擊打桌檯上的球。當球在橡膠緩衝器之間反彈，就可以得分，同時遊戲機會發出閃爍的燈光和古怪的聲響。你用桌檯底部的擋板，盡可能維持鋼珠在檯面上彈跳，時間越久越好。

彈珠檯有點像你的大腦，它的緩衝器之間相隔距離有的近、有的遠，依桌檯的設計而定。當緩衝器彼此緊鄰在一起，就像一個處於專注模式的大腦。專注模式時，彈珠在小範圍內迅速反彈，直到能量耗盡而往下掉落。

想像你的心智彈珠在行進時留下了軌跡。有如專注模式——當你專注時，你在腦中創造軌跡。第一次學某個東西及

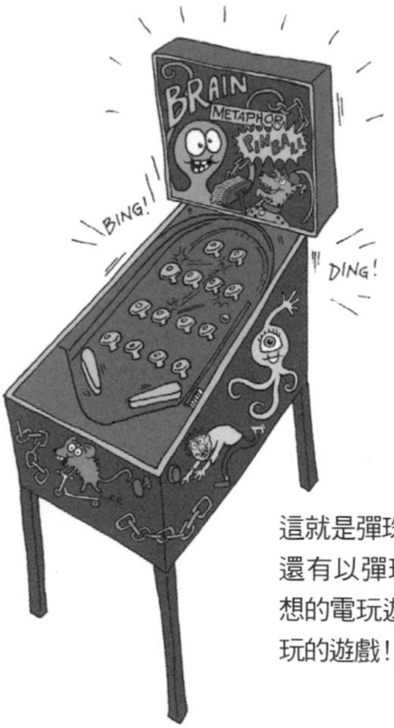

這就是彈珠檯遊戲機。現在還有以彈珠檯遊戲作為發想的電玩遊戲呢！這是很好玩的遊戲！

開始練習如何運用時，這些軌跡便隨之形成。舉例來說，比如你已經學會了乘法運算。如果我要你處理一個乘法問題，你的思維就會沿著你已經在腦中鋪設好的相同「乘法軌跡」移動。請看下圖。

發散模式不同於專注模式。在發散模式中，緩衝器的間隔大得多了。思維彈珠在檯面上有著更寬廣的活動範圍，比較少撞上緩衝器。

腦的運作方式就像這兩種彈珠檯。如果我們從專注思考一個細節轉變成自由思考大格局，就會從專注模式移轉到發散模式。你需要兩種桌檯。（但重要的是，你的腦一次只能處於一種模式。殭屍無法同時玩兩台遊戲機！）以下用一個

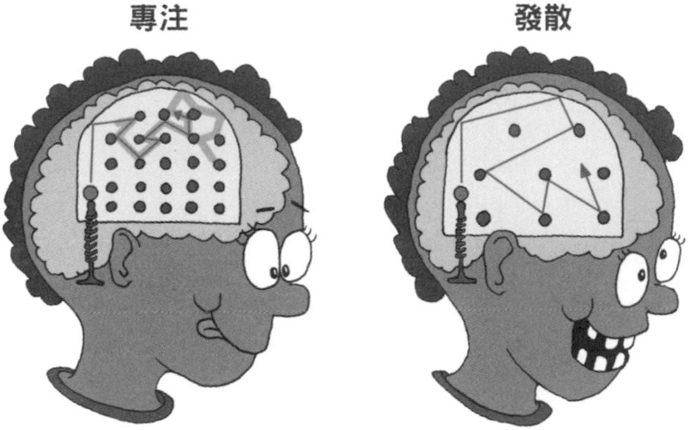

左圖是處於專注模式的彈珠檯版的大腦。看到橡膠緩衝器的分布是多麼密集嗎？彈珠以緊湊的形態移動，你的思維跑不了太遠！彈珠依循著先前已鋪設好的模式移動，因為你以前思考過相同的事。右圖是處於發散模式的彈珠檯版大腦。注意你的思維在腦中活動的範圍多麼寬闊！

好玩的方式來瞭解兩種模式之間的差異：

專注模式——眼睛盯著獎盃！

發散模式——眼睛盯著蒼蠅！*2

切換模式

原來切換模式是這麼重要，那我們是如何進行切換的？

如果我們想專注於某件事，很容易。一旦我們將注意力轉向此事，專注模式便開啟了。你的思維彈珠在桌檯上嗖嗖地迅速前進。可惜的是，要長時間維持專注並不容易，因此我們會落入發散模式。如下頁圖所示，如果你放開擋板，你的思維彈珠便會掉落到專注桌檯下方的發散桌檯。

當我們不特別專注於某件事情時，只要放空，就處於發散模式。如何進入發散模式呢？散個步，或者搭公車望向窗外、洗個澡或睡個覺都可以。（許多人會透過睡前

*獎盃的英文是prize，蒼蠅的英文是flies，兩個字發音近似，有押韻效果，唸起來就像一句繞口令。

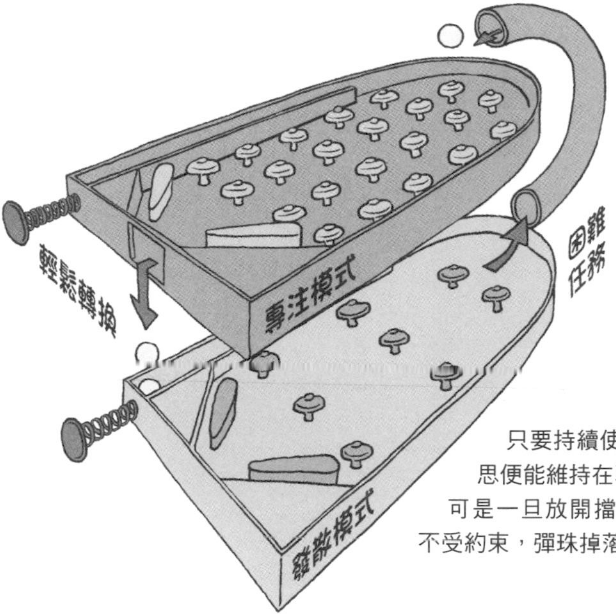

只要持續使用擋板，你的心思便能維持在專注模式。

可是一旦放開擋板，你的心思便不受約束，彈珠掉落到發散桌檯。

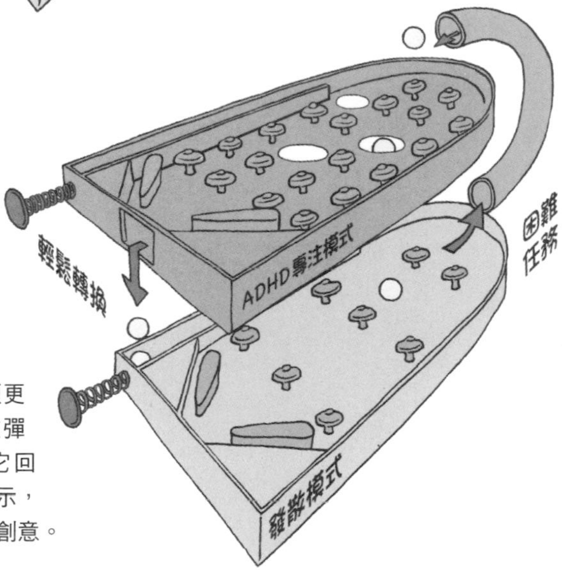

有注意力問題的孩子喜歡想像他們的專注模式多了額外的洞口。

這可能意味著他們必須更努力擺動心智擋板，在彈珠就快要掉落時，讓它回到專注模式。但這也表示，他們可能天生就非常有創意。

回想一天之中發生的事情，從而有了不一樣又有創意的想法。3）

專注於其他無關緊要的事情，似乎也能讓我們短暫地進入發散模式之中。當我們專心抱著親愛的小狗，我們不會注意到數學問題。當我們觀看別人的棋局，便不會專注於自己的棋局。這正是為什麼當你卡在某道數學習題裡苦思無解時，不妨轉換一下注意力，去讀一會兒地理，回頭再來做數學，可能就會有所突破。不過，讓你的發散模式有機會解決難題最好的方式，是例如睡眠、運動或搭交通工具這類會帶來更好效果的活動。

罹患注意力不足過動症（ADHD）*的兒童，似乎喜歡想像他們的專注彈珠檯有額外的「洞口」。這些洞口提供了暗藏的好處——它們可以提升創造力！如果你患有注意力不足過動症，「額外的洞口」也代表你必須比其他孩童更常擺動你的心智擋板，以便讓思維彈珠停留在專注桌檯上。

你如何讓擋板多動個幾下？你可以提出問題、寫黑板、與同伴間分配活動，以及和別人合作，藉此儘量多面向地參與活動。

---

* 大致來說，注意力不足過動症（在台灣或稱「注意力缺失過動症」）意指較難維持注意力和控制衝動。在某種程度上，所有孩子都有這方面的問題，但患有注意力不足過動症的孩子，症狀比一般孩子更加明顯。

換你試試看

切換模式

以下是幫助你理解從專注模式轉換到發散模式的例子。

利用這些錢幣排出一個尖端朝下的新三角形。你只能移動三枚錢幣。（你可以真的拿出銅板來試試，看能不能做得到。）

提示：當你的腦袋放鬆，不特別專注於任何事時，最容易想出解答。有些孩子馬上就破解了這道題目，而有些教授卻放棄了，因為他們過度專注。

這項挑戰的解答，詳見書末的註釋部分。4

卡住了！

當你設法解開某道數學或科學題，或者嘗試學習一種新的技巧，例如彈某個吉他和弦或完成某個足球動作，你會卡住的情況有兩種。第一種情況發生於你沒有理解一開始的說明。可惜面對這種「卡住」的情況，進入發散模式並沒有太大幫助。最好的辦法是回頭看看你的筆記本或書中對這個新事物的範例和說明，或者請老師再解說一次，或者在YouTube上找其他的說明。（但別被這些影片搞得分心。）

你會卡住的第二種情況，是你用功或專注了好一會兒，已經將解答的步驟載入你的專注模式。可是當你開始解決問題、彈奏或做動作時，發現自己還是卡住了。你越來越挫折，為什麼就是搞不懂？

你會卡住的原因在於，你沒有讓大腦的發散模式有機會幫上忙！除非你卸除專注時的全副心思，否則就無法啟動發散模式。就像前文提到的西洋棋選手馬格努斯・卡爾森，有時你需要休息一下，以便哄誘大腦的發散模式前來解救。讓你的思緒暫時脫離當下情境，就能開啟進入發散模式的管道。

或者，你可以專注於不同的事物。舉例來說，如果你正在做代數題，你可以切換到讀地理。但別忘了，你的人腦也需要休息。

如果你很容易在某個科目上卡關，那麼你在用功時不妨先從這一科開始讀。這麼一來，當你發現自己卡住了，你可以在下午和晚上來來回回做點其他的功課。你不該將最難的科目留到最後再讀，因為到時候你會感到疲勞，而且沒有時間進行發散學習。

處於發散模式時，代表你的大腦安靜地在背景中處理問題，儘管你很難察覺。腦中的思維彈珠在發散模式桌檯上颼颼滾動，有可能就會撞上你需要用來解決問題的點子。那麼，應該休息多長的時間呢？這取決於你的狀況以及當天需要應付的工作量。五至六分鐘是很合適的長度，休息時間不要太長。你得完成工作，這樣晚上才有空檔好好放鬆！

學東西可能容易讓你感到挫折。

重要觀念

不要對新的學習策略遽下結論

你應該維持多長的專注時間？粗略來說，如果你發現，你在嘗試至少十至十五分鐘之後就卡住了（如果你的年紀較小，或許三到五分鐘就卡住了），可能就該休息一下。當你確實在休息時，需要確認你的休息時間長到足以讓心思完全擺脫正在學習的東西。*

堅持到底，以及在過程中做實驗是值得的。讓大腦來回於專注和發散模式之間，能幫助你精通任何東西，不管是幾何學、代數、心理學、籃球、吉他、化學或任何科目，以及那些你有興趣學習的嗜好。

* 到底需要休息多久，取決於許多因素。比如你臨時被叫起來，必須在別人面前發表十分鐘的演說。（天啊！）這種強迫專注於發表演說這件事的刺激感，可能將你的心思徹底抽離先前正在做的事。等到你回過神來，即便只過了十或十五分鐘，你也會發現自己正用新的眼光看待先前那些讓你頭痛的東西。但在其他情況下，即便幾個小時，也不足以讓你的心思真正抽離。那麼，好好睡一覺會有意想不到的效果。

用專注模式工作，用發散模式獎賞

進入發散模式的方式

- 足球或籃球等運動
- 慢跑、走路或游泳
- 跳舞
- 享受搭乘汽車或公車
- 騎單車
- 畫畫
- 洗澡或淋浴
- 聽音樂，尤其是沒有歌詞的音樂
- 用樂器演奏你熟悉的曲子
- 沉思或祈禱

● 睡覺（終極的發散模式！）

以下這些可以進入發散模式的方式，最好用作專注之後短暫的獎賞。相較於先前的活動，下列這些活動可能將你拉進更專注的模式，因此也許用計時器設定時間是個好主意，否則你可能會「發散」太多時間。

● 打電玩
● 和朋友聊天
● 幫別人完成一項簡單的任務
● 閱讀書籍
● 傳訊息給朋友
● 去看場電影（如果有時間。）
● 看電視

總結

專注模式和發散模式。大腦以兩種方式運作：專注和發散模式。你可以將它們想像成緩衝器密集和分散設置的兩種彈珠檯。我們需要轉換這兩種模式，以便能夠有效學習。

切換模式。我們藉由集中注意力而進入專注模式。抓住彈珠檯的擋板！但有時你必須放手和等待彈珠自行掉落而進入發散模式。睡覺、洗澡、搭公車和散步是進入發散模式的好辦法。

要成功解決問題，首先要專注。如果我們沒有先專注於基礎材料，讓大腦做好準備，在解決問題時就會被卡住。在還沒研讀解說之前，不要貿然開始解題。你需要在專注彈珠檯的桌檯上鋪設一些基礎軌跡。

你可以選擇進入專注模式。但發散模式會比較難進入──睡覺、洗澡、搭公車或散步，是召喚這種放鬆的心理狀態的好辦法。

休息可以讓你擁有解決問題的新觀點。即使已經準備妥當，我們也可能卡在某個困難的問題上。在這種情況下，不如學習一下西洋棋手馬格努斯。閒晃片刻，看看周遭正在發生的事，休息一會兒再說。但記得回到比賽中，否則你就輸定了！

小測驗練習

回答下列問題，看看你對本章的重要概念理解了多少，完成後再比對書末的解答。你可能覺得略過這些問題也沒關係，但如果這麼做，你就錯過本書的妙用了。

1. 處於專注模式是什麼意思？
2. 什麼是發散模式？什麼是你最喜歡的發散活動？
3. 彈珠檯遊戲機如何幫助你瞭解大腦的運作方式？
4. 專注模式和發散模式的另一種比喻是什麼？

5. 當你在解決數學和科學問題時，可能卡住的兩種情況是什麼？

6. 在讀了這一章之後，你願意改變某一個讀書習慣嗎？是什麼？

做過下一章的圖畫散步了嗎？
你是否嘗試回答章末的問題？
你拿出筆記本了嗎？
（完成後在方框中打勾！）❑

3 我待會兒就做，真的！
用番茄打敗拖延症

時間回到一八〇〇年代，那時的殺手習慣使用一種稱作「砷」的化學物質去遂行謀殺任務。砷能在一天內毒殺受害者，而且過程十分痛苦。

一八七五年，兩名男子在一群觀眾面前展現一場把砷吞下肚的表演。大家都以為他們必死無疑，結果讓人出乎意料，他們隔天還是活蹦亂跳。這怎麼可能！這種有害物質似乎沒有造成傷害？這在當時是個不解之謎。

稍後我會告訴你，這兩個食砷者最後怎麼了……先破個梗：他們沒有好下場。砷對人體有害，但番茄是好水果對吧？番茄富含健康的營養。但我要說，就連塑膠番茄也可能對你有好處，能夠幫助你學習得更好。你很快會知道為什麼。但是不要去啃塑膠番茄，那可不是好玩的……

拖延病

我要告訴你一件跟拖延有關的事。*拖延，指的是把事情後往推遲，這是許多學生（和成人！）面臨的問題，非常妨害學習。「拖延」這種行為很可能自然而然就發生了，因為，你為什麼要做那些你不想做的事，尤其你還知道這些事很困難？星期五才要考試，幹嘛星期一就唸書？到時候難道不會忘光光？

問題就出在這裡，一旦你開始拖延，就會把時間用光。然後你知道的，你得花時間練習，才能將新學到的概念牢牢記在腦中。如果你把時間都用光，不僅無法建立學習的架構，還要浪費力氣為結果擔心，簡直就是雙輸的局面。拖延是有效學習者的敵人，我要告訴你如何戰勝這種毛病。

好消息是，你內在的「殭屍」會幫助你學習。別害怕，我不是說你的腦袋真的有殭屍，那太噁心了。但你不妨想像大腦中有一群努力為你工作的小殭屍，你得和他們交朋友。所以，我們需要一台彈珠檯遊戲機、滿腦子的友善殭屍和一顆塑膠番茄？誰知道會發生什麼事？別走開……這不是胡說八道，我可是個教授呢！

分心與拖延

拖延是很嚴重的毛病，我們生活中會遇到太多讓人分心的事。我總覺得開始做作業前，可以先打一下電玩，只要打一下下就好。等到回過神來，才驚覺已經浪費了一個小時。我需要找到辦法讓自己能夠專心地做功課，而不是等到最後一刻才開始做每件事。——學習數學的某學生

拖延與痛苦

當你爸媽逼著你去打掃、練鋼琴或做功課，你會不會發出一陣呻吟？這是因為，光是想到要去把課本翻開或打掃，你的身體確實是會痛的。有這種反應時，研究人員能看見大腦中負責體驗疼痛的腦部位（也就是島葉皮質）開始發光。對你的大腦而言，一想到要做那些不願意做的事，隨之而來的感覺就像胃痛。但這正是有意思的地方，一旦你開始著手做這些事，大約二十分鐘之後，疼痛感便會消失。也就是說，當你開

始進行你所逃避的任務之後，島葉皮質便平靜下來不再發作了。所以，這是成為一個好的學習者的首要訣竅：**開始做就對了，不要拖延。**

喔，教授你說得倒容易，我要怎麼改變這種想法呢？我已經習以為常了。

答案是……靠番茄！

番茄鐘工作法

「她瘋了嗎？」你可能會納悶，番茄怎麼讓你變成一個更好的學習者？

一九八〇年代，西里洛（Francesco Cirillo）想出一個辦法來幫助拖延成性的人，稱作「番茄鐘工作法」（Pomodoro Technique）。

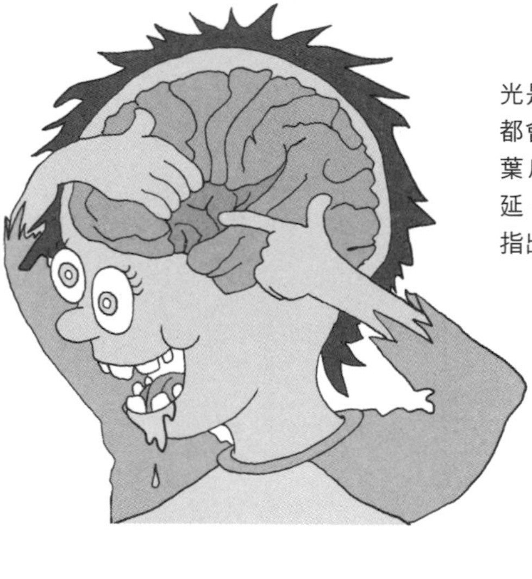

光是想到某件你不想做的事，都會刺激大腦中的疼痛中心島葉皮質，結果就可能導致拖延。（這個有用的殭屍在這裡指出島葉皮質的所在位置。）

Pomodoro 是義大利語的「番茄」。西里洛開發出左下圖這種番茄形狀的計時器，而他的方法很簡單又有效。（泰瑞和我知道有效，因為這是「學習如何學習」課程中最受歡迎的技巧。）

首先，你需要一個計時器。不管是番茄形狀或其他形狀都行，包括像我的電腦上有個數位計時器也可以。許多人在智慧型手機或 iPad 也會使用番茄鐘工作法應用程式。

這個技巧該怎麼運用呢？

1. **關閉一切會讓你分心的事物**——手機、電視、音樂和你的好朋友，任何干擾注意力的東西。找個不會被打擾的安靜場所用功。如果負擔得起，考慮買個消除噪音的耳機或比較便宜但同樣有效的耳罩或耳塞。
2. 計時器設定**二十五分鐘**。*
3. 開始工作，盡可能**專注**於你的任務。二十五分鐘

番茄計時器

* 如果你只有十至十二歲大，可以從十或十五分鐘的番茄鐘工作法開始實施。

這段時間不算長，你一定辦得到！

4. 接下來是最棒的部分。二十五分鐘後，犒賞你自己。

這一整個程序包括獎賞在內，我們稱為「番茄鐘工作法」。當你實踐番茄鐘工作法時，別在意是否完成了任務。不要說：「我要在這次番茄鐘工作法中完成所有的家庭作業。」你可以完成你正在做的任何事，但如果做不完也不必擔心，你只需要在二十五鐘內盡量努力。等到停止計時，就去休息，帶著獎賞進入你的發散模式。

你可能稍後需要再實踐一次番茄鐘工作法，這樣也沒有關係，你只需要努力投入這個任務就對了，不必擔心完成了多少工作，事情總會完成的。但是要留給自己

完成番茄鐘工作法之後，要獎賞自己一番！

充分的時間，別等到最後一刻才動手。

實踐番茄鐘工作法時，偶爾會思緒渙散，這完全正常。一旦發現自己恍神了，我會馬上提醒自己重新專注於工作。畢竟才二十五分鐘而已，每個人都能用功個二十五分鐘吧。如果我突然分心到其他想做的事情上，我會在紙上先記下來以免忘記，然後繼續回到番茄鐘工作法。

如果計時結束時，我還想繼續工作，我會繼續下去，沉浸在真正有興趣的任務裡是件好事。但是當我停工時，我一定會獎賞自己。那是發散模式時間！如果我一直在寫作（例如撰寫本書），我會先放一首最愛的歌來聽，或者起身泡杯茶，望向窗外。休息的時候我不會再想著跟寫作有關的事，讓大腦負責「寫作」的部位能夠獲得休息。

休息期間，應該從事與專注時截然不同的事物，你應該讓一直保持專注的腦部位有機會喘口氣。如果你一直坐著唸書，休息時站起來活動一下，會是最好的放鬆。

有些人喜歡用會發出滴答聲的計時器，提醒他們時間正在一分一秒流逝，已經越來越接近休息的時刻了。換句話說，滴答聲能使他們保持專注。

一天內應該實踐幾次番茄鐘工作法？因人而異。如果你做事自動自發，只需要偶爾激勵一下就能動起來，那麼也許每天實施一兩次就好。有些人想計算自己一天之內到底實踐了幾次番茄鐘工作法，他們會下載番茄鐘工作法應用程式，有點像收集獎章般計算番茄鐘工作法的次數。現在，趕快找一下番茄鐘工作法應用程式，挑你喜歡的那款。我們知道最受歡迎的一種叫「Forest」。

順便一提，實踐番茄鐘工作法時，不要更換任務，選一項任務來執行就好，直到鈴聲響起。（當然，如果在時間之內已經完成某項任務，就可以啟動另一項任務。）很多學生以為他們能一次進行好幾個任務，或者來回切換於不同的任務。這稱作「多工」，但多工是種錯誤概念，你一次只能專注於一件事，轉移注意力就會浪費心智能量，而且執行效能會變差。就好像彈珠檯遊戲機裡一次釋出兩顆鋼珠，你得設法同時處理兩顆鋼珠，最後必然會失敗，讓兩顆鋼珠都漏接。

學習秘訣

設定休息時間，延遲拖延！

番茄鐘工作法計時器有益於學習，同樣也有益於放鬆。將計時器設定為五分鐘、十分鐘或一段合理的休息時間。記得，休息非常重要，這樣發散模式才能幫助你學習！有時候這很需要練習，才能習慣在休息結束後馬上回到工作中。找個響聲獨特的計時器也許很有用。如果你實在很難克服拖延的習慣，那不妨試試這個心理妙招：你可以告訴自己：你要拖到十分鐘之後再做。同時，在這十分鐘內查看（或製作）你打算進行的任務清單。這會啟動發散模式在背景中開始思考任務，以及要如何完成任務。

好殭屍與壞殭屍

回到殭屍的話題。殭屍的名聲不好，人們認為他們是怪物——受別的東西或人的控制、長相嚇人的生物。但殭屍（至少在我們書裡）只是你的習慣。每個人都有好的、不好不壞和壞的殭屍習慣。（好吧，也許壞殭屍沒那麼壞，他們只是有時沒什麼益處。）

殭屍有什麼共同點？他們會自動朝目標邁進（通常涉及吃腦）。沒什麼事能使他們分心，他們決不放棄，彷彿仰賴自動駕駛在行動。

我們都具備某種殭屍模式，幸好這些模式不像真的殭屍會吃些奇怪的東西。我們能自動進行某些事，是因為以前做過非常多次。你的殭屍模式習慣是什麼？放學回到家時把鞋子一踢？一屁股窩進舒服的沙發看電視？或者手機一震動就馬上掏出來看？不必思考，不經討論，那就是殭屍模式。

想像一下，當你應該用功唸書時，你像個好殭屍一樣在功課上全心投入。番茄鐘工作法有助於達成這個狀態，但你必須擊敗沿途趕上來的壞習慣殭屍。

在同一段時間內用功和傳簡訊是個壞習慣，這是你的「用功時傳簡訊」壞殭屍。為了

你的習慣就像殭屍，你可能有好的習慣，也有壞的習慣。

擊敗他，你可以訓練一個好習慣殭屍——習慣於關手機、設靜音或將手機留在別處——來讓你戰勝壞殭屍！

如果你的用功狀態被你的弟弟打斷了，那就訓練你內在的好殭屍，告訴弟弟你正在實踐番茄鐘工作法，要求他到別處去玩，直到你完成任務為止。如果你知道唸書唸到一半會肚子餓，那麼就在實踐番茄鐘工作法之前先吃個點心。不要一股腦兒進入教科書的新章節，先來個圖畫散步，然後在好殭屍體貼地留在你手邊的紙上做點筆記。以你所知的好殭屍習慣取代壞殭屍習慣，事情就會進展順利。

回到食砷者

還記得那兩個吞掉砷的人嗎？他們怎麼能把砷吞下肚卻沒有死？吃下致命毒藥與看似無害的拖延習性，又有什麼關聯？

食砷者每天吃一丁點毒藥，訓練自己的身體接受砷，培養出某種免疫力。他們以為這樣不會有事，因為沒有生病的感覺，然而他們不知道他們正在慢慢毒害自己。一丁點的砷不會立刻要了你的命，卻非常不健康，時間一久就會造成嚴重傷害，導致癌症和內臟的其他損傷。千萬別吃砷！

這像不像是養成了拖延的壞習慣呢？

晚一點點再做功課，或者多花個「幾分鐘」滑臉書，看起來好像無傷大雅。但如果你習慣了拖延，就會讓學習變得困難，因為當你準備好要開始用功時，擁有的時間卻變少了。你開始感受到壓力、錯過最後期限，而且也沒辦法好好學習。你可能真的就落後了，這一切使你變成缺乏效率的學生。

請記住，如果你養成在短時間內保持專注的習慣，就可以統領一群有用的殭屍大軍，努力替你工作。所以，學著愛上那顆塑膠番茄吧！或者善用你手機上的番茄鐘工作法應用程式也行。

換你試試看

預先規劃不分心

寫下會讓你在任務中分心的事。針對每種狀況，想出克服壞習慣的新習慣。（如果你用電子裝置閱讀，請在紙上製作表格。）

以下是參考範例。如果你的年紀比較小，一開始也許需要有大人陪著你進行，維持大約十分鐘的專注力。

分心：壞殭屍	解決之道：友善的殭屍
我的手機在震動，所以我停下手邊的工作察看。	實施番茄鐘工作法時，將手機留在廚房的餐桌上。

換你試試看

用「積極回想」的技巧，增進閱讀力

現在我們想教你預習一項重要的學習技巧，這個技巧在之後的篇章中也可以派上用場。這個技巧稱作「積極回想」，意思是努力記起某個概念。經實驗證明，積極回想剛學過的概念，是瞭解這些概念的絕佳辦法。[1]

你大概已經猜出來，我們教你如何避免做事拖拖拉拉，是為了讓你有更多的時間保留給「積極回想」這個重要的技巧。積極回想的作法是這樣的：在開始讀本書的某一章之前，先做全章的圖畫散步。（我們在第一章討論過。）然後開始閱讀。不要倉促進行，如果你看不懂某段文字的意思，或是注意力開始渙散，那麼就重讀一次。（注意力渙散十分正常，不表示你不夠聰明。）在頁邊空白處或另一張紙上簡短記下你認為重要的概念。必要時可以在一兩個關鍵字下面劃線，但不要劃太多底線。

接下來是關鍵部分：將視線移開書本，看看能不能回想起什麼。這一頁講了什麼概念？在腦中播放這些內容，或者大聲對自己朗誦出來。不要一再重複讀這一頁，也不要在一大堆文字上拼命劃線或標重點。

從腦中拉出重要的概念、而非一再重複閱讀是「積極回想」技巧的關鍵。你不需要對書中的每一頁進行回想，但如果你嘗試回想當中重要的幾頁，成效會讓你嚇一跳的。

研究顯示，如果你在用功時運用積極回想的技巧，往後考試時會有更理想的成績。在你學習時運用回想的技巧，意味著即便處於壓力下，你也會有良好的表現。[2]這不僅可以將資訊放進記憶中，還建立了你對資訊的理解。[3]

強效閱讀的三個關鍵步驟

1. 圖畫散步
2. 細心閱讀

3. 運用積極回想

你也可以把「積極回想」這個技巧當作一個很棒的學習工具。舉例來說，闔上這本書，看看你能記起多少個到目前為止讀過的重要概念。努力想一想，之後再打開書本比對一下。

盡量在不同的時間地點回想你所學過的東西。你可以在等朋友、坐公車或睡覺前運用這個技巧，為什麼呢？首先，你眼前沒有筆記或書本，所以是真的得靠回想，而非偷瞄。再者，你不是處在平時的學習環境之中。稍後你會發現，在不同的環境學習，能使資訊更牢靠地固著於腦中。

念國中時，我習慣走路到奶奶家吃中飯。我一邊走一邊回想剛剛在上課時學到的重要概念，彷彿重看一部有趣的電影。這個技巧非常有效地幫助我在成績上勝過其他人。——中國頂尖大學清華大學畢業生李兆靜

總結

- 我們都會養成習慣。習慣是我們內在的殭屍，想都不想就會做的事。
- **我們的殭屍習慣可能有用處，也可能沒有用處。**有些習慣能大幅節省時間。但一般人通常會養成拖延的習慣，這對於有效的學習危害甚大，導致沒有充足的時間專注，或是沉浸於你已經學到的功課。
- 幸好你可以改變習慣，並使它們固著。**番茄鐘工作法是讓你保持專注的絕佳技巧。**請你養成這個習慣。關閉所有害你分心的東西，設定二十五分鐘的工作時間。這很容易做到。然後休息和獎賞自己，做些「發散」的事。
- **做事拖拖拉拉，會對你的大腦造成傷害。**只要展開行動，就能免於這種傷害。
- **積極回想是極有效的學習技巧。**從自己腦中拉出關鍵概念加以復習。別死盯著書本或筆記，就相信你已經將資訊放進腦袋裡。

小測驗練習

為了確保你已經掌握了這一章介紹的概念，請回答下列問題。大聲對自己說出答案，或者寫下來。或者，你也可以藉著解釋給別人聽，來說明這些概念，並且檢視自己究竟理解了多少。完成後，比對你的答案和書末的解答。

1. 什麼是拖延？
2. 為什麼拖延對你的學習有害？
3. 當你想到不喜歡或不想做的事，腦中會發生什麼事？
4. 番茄鐘工作法是什麼？你要怎麼解釋給別人聽？
5. 整個番茄鐘工作法的環節中，最重要的是哪個部分？
6. 實踐番茄鐘工作法的休息期間，應該做些什麼事？
7. 是否應該確保在實踐番茄鐘工作法的過程中完成某項任務？為什麼？
8. 進入殭屍模式有什麼好處？

9. 殭屍模式跟拖延有什麼關係？

10. 食砷者故事要說明的重點是什麼？與拖延有什麼關係？

11. 說明什麼是「積極回想」。

已經完成圖畫散步、回答了章末的問題，並且準備好下一章的筆記本？❏

4 腦連結與太空異形

聖地牙哥．拉蒙．卡哈（Santiago Ramón y Cajal）在十一歲時闖了大禍，讓他身陷牢獄之災。

麻煩是他自己招惹出來的。聖地牙哥在家永遠和父親吵個沒完，他也和學校老師吵架，然後一次次被踢出校門。但這回，他用自製大砲將鄰居大門炸出了一個洞！聖地牙哥恨死學校了。他記性不好，沒辦法依照老師要求的步驟學習。*他尤其痛恨數學，而且看不出學數學到底有什麼用。他喜歡畫畫，可惜他父親認為畫畫沒出息。

* 有件事必須說清楚講明白。不是聖地牙哥「以為」他的記憶力不好，他確實記性不好，就像他在自傳裡說的那樣。這表示，就算你的記性達不到一般水準，甚至有點學習障礙，你仍然充滿希望！

當時的聖地牙哥一事無成。可是你知道嗎？聖地牙哥最後成為現代神經科學之父，還贏得諾貝爾獎——那等於是科學界的奧運金牌！「壞孩子」聖地牙哥變身史上最偉大的科學家之一。[1] 這到底是怎麼回事？原來他運用了藝術技巧和數學技巧。

我會告訴你整個故事的來龍去脈。但首先，我們來瞭解一下我們神奇的大腦，然後你就會知道，聖地牙哥到底發現了什麼秘密，進而掌握學習的技巧！

友善的太空異形：神經元會「說話」

我們先介紹一些關於大腦的簡單概念。

人類的大腦有數以億萬計的神經元，大約等同銀河系的恆星數量。神經元是腦的建構組件，它們非常小，真的很小，十個神經元只有一根頭髮那麼粗！可是它們很長，比你的手臂還要長。

為了瞭解神經元，你可以將它們想像成來自外太空的小異形。

沒錯，異形。你有沒有看見下圖中神經元異形的眼睛？（嚴格來說，這個眼睛稱作「核」——我們身體的每個細胞都有核。）神經元異形的手臂向上延伸，幾乎像一頂帽子的形狀。神經元異形身上有三條腿。

神經元異形是種奇異的生物，牠們只有一顆眼睛、一隻手臂和三條腿。（在真實生活中，神經元的「腿」可能超過三條，而且比三條多得多。牠們的身體有許多種形狀和大小，比你身體裡的各種細胞更為多樣化。）左下圖更加接近真實神經元的樣貌。下方是神經元的「腿」，稱為「**樹狀突**」；上方是神經元的「手臂」，稱為「軸突」*。

*軸突臂末端的手指稱作「終鈕」。當神經原彼此傳送信號時，第一個神經元的終鈕依偎著第二個神經元的樹突棘。兩個神經元之間僅以突觸間隙相隔。透過這種方式，終鈕和樹突棘像是一對夫妻，能越過突觸的間隙彼此傳送飛吻。

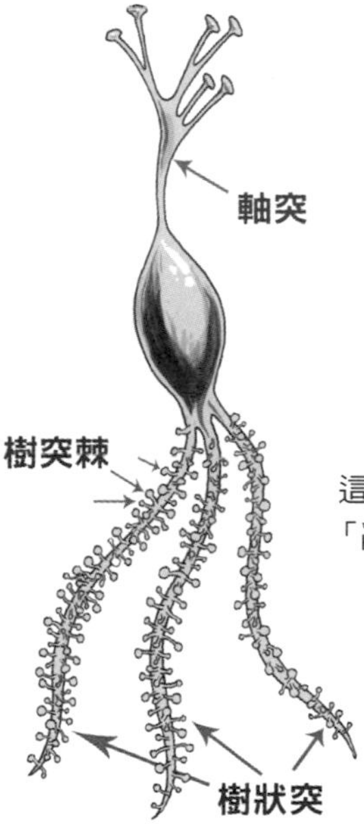

這是平日頂著「亂髮」的神經元。

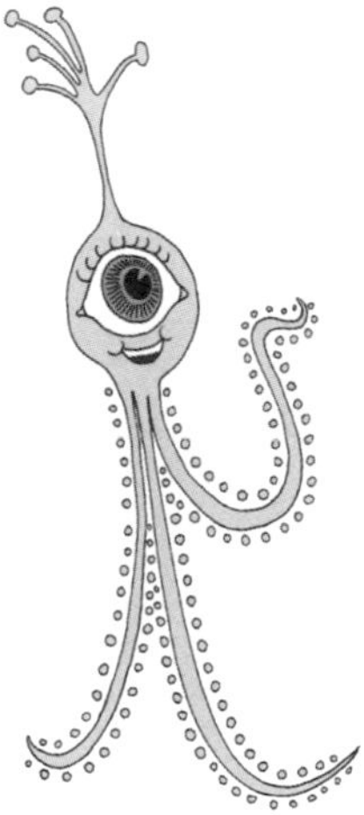

我們把真實神經元比喻成「神經元異形」。

看看神經元樹狀突「腿」上疙瘩狀的棘刺。它們稱作「樹突棘」，就好像這種太空異形腿上分布的腳趾。（記得，這是一種異形，所以看起來和人類長得不一樣！）

樹突棘儘管體積細小，卻很重要，你會在本書某些意想不到的地方看見它們。重點是：神經元可以將訊息傳送到其他的神經元。

要輕鬆理解這個原理，我們不妨暫時回到剛才講的太空異形。當神經元異形想要跟其他異形「說話」時，牠會伸出手臂，輕輕電擊另一個異形的腳趾。（這些特別的異形藉由輕輕電擊彼此來傳達友誼。很奇怪，我知道。）

真正的神經元也差不多如此。神經元沿著軸突發出訊號，對另一個神經元的樹突棘造成電擊。[2] 這種電擊就像在乾燥的天氣裡，你感覺

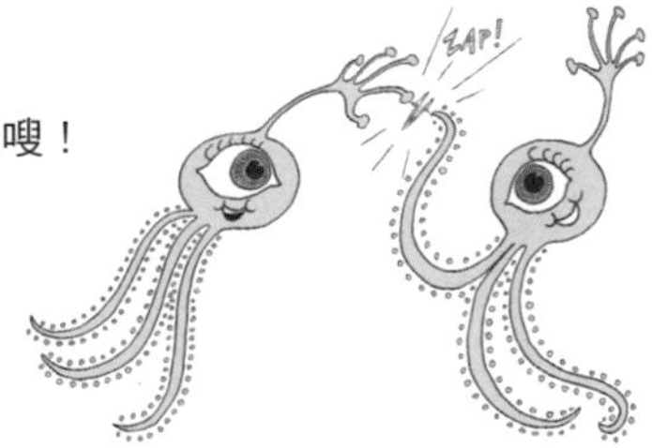

有什麼新鮮事，榮恩？嗖嗖！

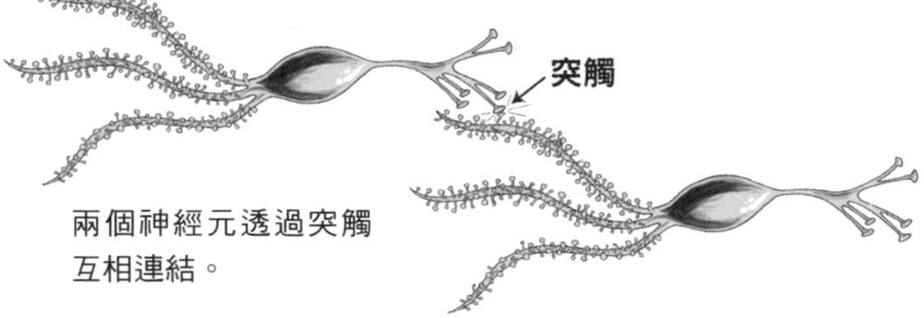

兩個神經元透過突觸互相連結。

到那種靜電般的微弱電擊。神經元發出的電擊越過一道極窄的間隙，傳到另一個神經元。這個間隙稱作「**突觸**」。

好，你剛才已經知道神經元傳遞訊號的過程了，實際情況更複雜一點，涉及某些化學作用，不過基本原理就是如此。

下圖是突觸的特寫。來自突觸的「火花」產生可以流經神經元的電信號。一旦信號到達軸突的末端，就會在下個神經元產生火花，以這種方式往下傳遞。*這些流動的信號就是你的思維，它們就像心智彈珠檯上的軌跡。

*本書的解說讓這些原理聽來相當簡單。但這有點像是宴會上的談話——輕鬆的說明背後，可能有很複雜的策略在運作。信號的確是從樹狀突通過細胞體傳送到軸突，接著續傳到下個神經元的樹狀突，然而每個步驟中，信號的行進取決於許多不同的因素，例如樹突棘位於樹狀突的何處，以及有其他多少信號抵達神經元。

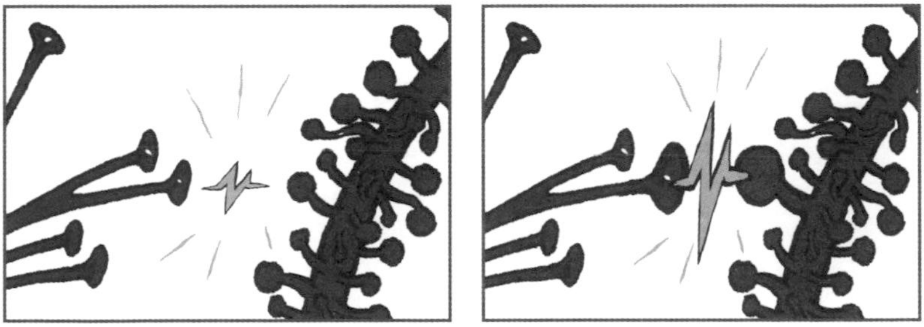

左側是小突觸的特寫。看見小「火花」了嗎？右側是因為練習而變得較大的突觸。有沒有看見火花變得大多了？

下圖箭頭顯示出大腦中的信號是如何流經突觸和神經元。

回到我們的神經元異形朋友。神經元異形越頻繁地去電擊、傳遞訊息給另一個神經元異形，兩者間的連結就變得越牢固。這些神經元異形就像常常聚在一起聊天，最後交情變得超級好的朋友，所以研究人員經常使用「一起開火、一起串連的神經元」這種說法。[3]你可以將「一起串連」想像成產生一**組腦連結**，學習新鮮事物的過程，意味著在你腦中創造一組全新的腦連結，也就是更牢固的連結。[4]

第一次學一個新東西時，腦連結是薄弱的，只靠少數神經元串連起來。每

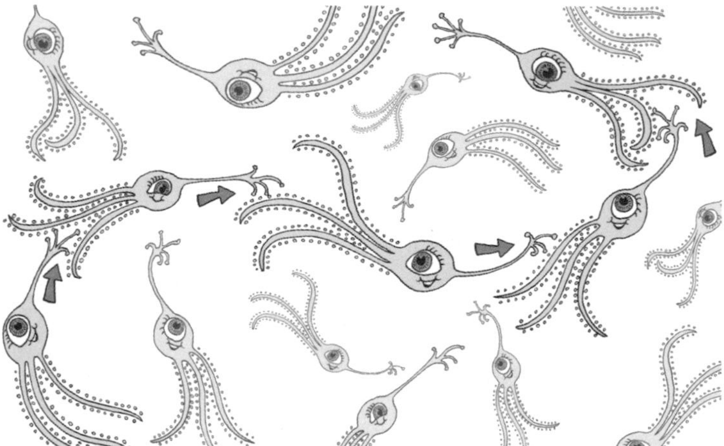

信號流經神經元，產生你的思想！

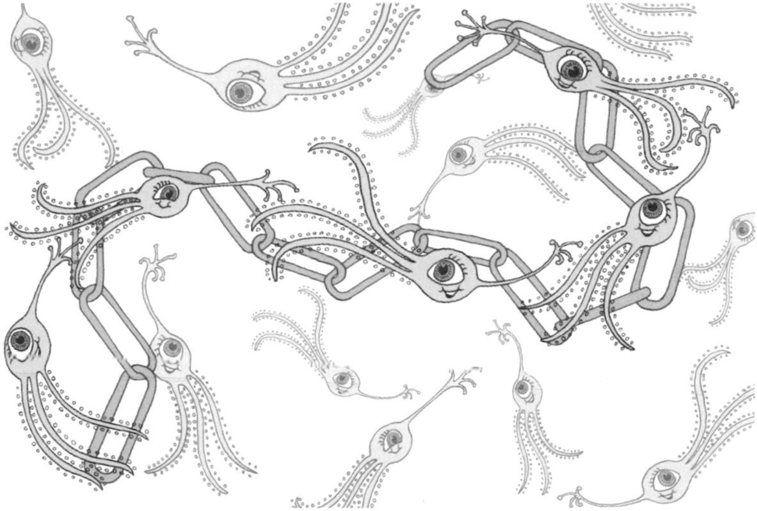

當你剛開始學習時，就形成一組薄弱的連結。

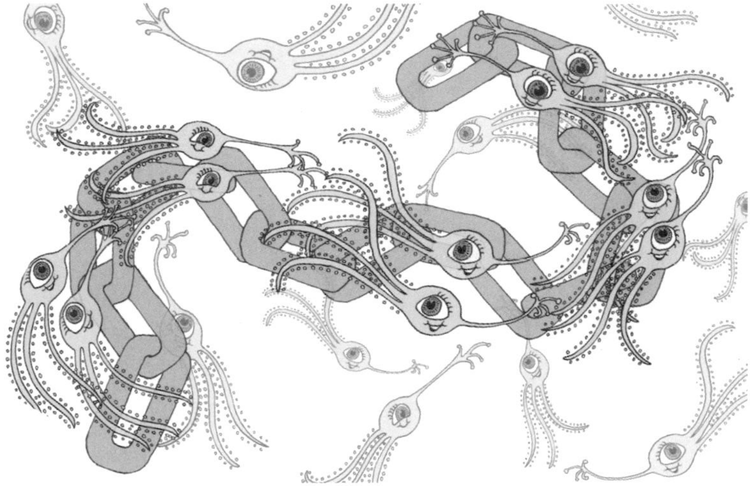

學一個新事物，越常練習，腦連結就會變得越強大。5

個神經元只具備小小的樹突棘和突觸，彼此間的火花也不太旺盛。不過，當你頻繁練習某個新概念，就會有更多的神經元加入。[6]而且神經元之間的突觸連結會漸漸牢固，火花也更大了。神經元越多、突觸越強大，腦連結也就越強大！[7]較長的腦連結能夠儲存相對複雜的概念。反過來說，當神經元沒有一起開火，它們的連結會變得薄弱，就像兩個再也不交談的朋友。

有人喜歡將一組組腦連結，想像成老鼠在森林中奔跑的路徑（這些老鼠就像在彈珠檯裡彈跳的「思維彈珠」）。老鼠沿通道奔跑的次數越多，通道就變得越加清晰可見，而路徑越寬，就越容易被看見和遵循。那麼，要怎麼比喻發散模式中的老鼠？其實很簡單，在發散模式中，老鼠（也就是思維）並不會沿著固定路徑奔跑，牠們會跳上小小的無人機，直接飛到新地點！

當你組織更大、更廣泛的腦連結時，別擔心會一不小心就把神經元用光了！因為你擁有**無數的**神經元，而且大腦也隨時在生長新的神經元！不僅如此，你還能在神經元**之間**建立數不清的連結！

大腦的路徑可以改變和成長，這稱作「**神經可塑性**」。這個花俏的用語只不過說明神經元像一塊可以塑形的黏土，可以改變形狀，而這正是你能改變的原因！

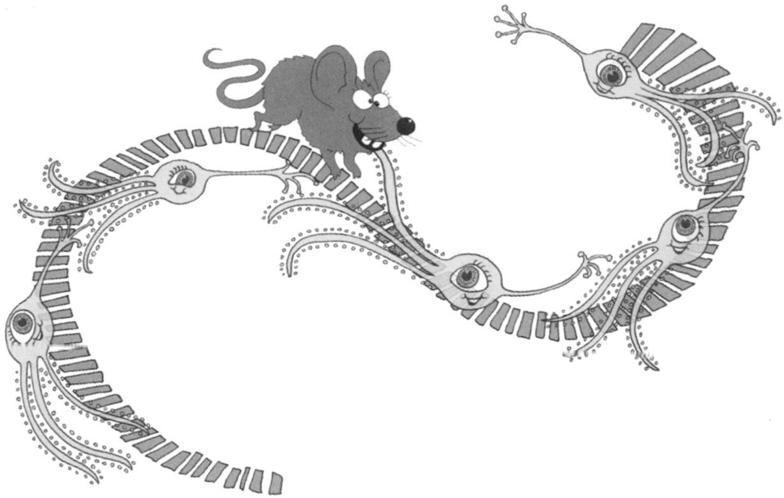

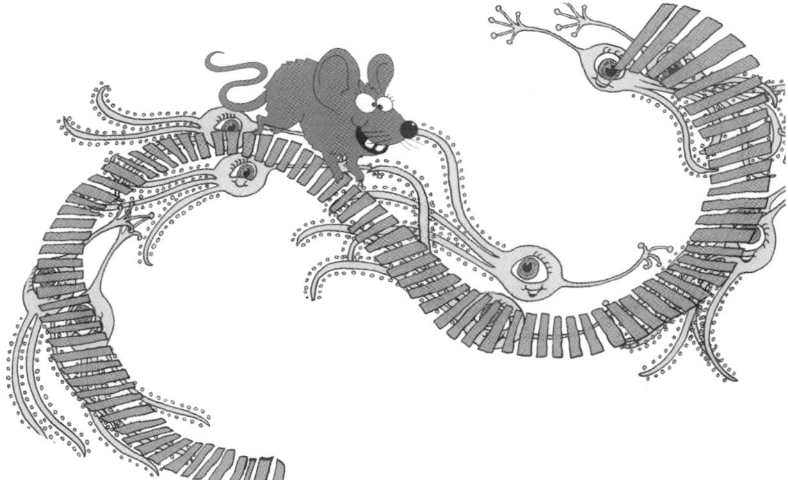

你的思維「老鼠」越常沿著路徑奔跑，神經路徑就越寬闊、越容易通行。

換你試試看

打造神經元

你可以自行模擬出大腦中的神經元和腦連結的樣子。要做出一個腦連結模型，最簡單的辦法是拿一條長長的紙帶，兩端用膠水黏合。然後用另一條紙帶穿過第一個紙帶（現在已成為一個封閉的圓環），再將兩端黏合。重複這個過程，直到「腦連結」數量達到你想要的長度。手藝好的人可以用菸斗通條和不同大小的珠子來製作，確認通條能穿過珠子。利用通條構成軸突、終鈕（軸突末端的「手指」）、樹狀突和樹突棘。樹突棘末端的小球可以用小珠子來代表，而神經元的「眼睛」（核）可以用較大的珠子來代表。在親手製作神經元模型的過程中，你會漸漸記住不同的部位。

將你的神經元排列好，從軸突到樹狀突，藉此明白神經元如何彼此「交談」。

神經元之謎

回到一八〇〇年代後期，聖地牙哥・拉蒙・卡哈的年代，當時科學家並不知道大腦是由個別的神經元所構成。科學家以為神經元彼此連結而形成網絡，而這個網絡如蛛網般遍布於腦中。*科學家相信大腦是有如蛛網般單一的神經元網絡，是因為電信號可以輕易地在不同的腦部位之間流動。倘若信號必須從一個神經元跳躍到另一個神經元，那怎麼能夠這麼輕鬆地移動呢？

問題在於，要觀察腦袋裡的狀況很困難。顯微鏡派不上用場，它們看不出神經元之間是否有間隙。蛛網理論在當時似乎很合理，但是聖地牙哥卻認為神經元之間存在著特殊的間隙，只是因為這些間隙小到連肉眼都看不見。聖地牙哥主張，信號是像電火花那樣跳躍過間隙。（類似於神經元異形彼此發送火花，藉以傳遞信號）當然，聖地牙哥說的沒錯！現在我們已經擁有比舊式顯微鏡更優良的工具，可以觀察到突觸之間

---

* 神經元構成單一網絡的概念稱作「網狀構造說」（"reticular theory"），這與聖地牙哥的想法大不相同。聖地牙哥認為有許多更小的神經元透過細小的間隙發送信號，他的想法稱作「神經元說」。

的間隙。†

如今，神經科學家還能聆聽神經元在腦中聊天呢。利用像「腦電圖」這種超酷的技術，就能輕易地看見電波在流動，‡如同觀察海浪窸窣地慢慢推進。

我們都愛比喻！

你看得出我們在講話或想事情時，很喜歡用比喻嗎？比喻是兩個事物之間的**對照**。一個是你熟悉的東西，例如海浪，另一個是你不熟悉的東西，例如電波。比喻讓你可以將已知事物連結到你正在學習的新概念，這麼做可以學得更快。（很明顯，電波跟海浪不一樣，神經元也不是異形，樹突棘也不是腳趾。它們只是有某些相似之處。）

設想出極富創意的比喻，是學習新的概念或與人分享想法時，最派得上用場的方法。正因如此，比喻在每種語言中都具備重要的意義。例如有一句非洲俗諺說「智慧

†不過，並非所有突觸都有間隙。某些神經元的確具備直接的電連結。這種直接連結在大腦皮層的發育初期較常見，但在成人的腦中多半已經消失。

‡腦電圖技術利用設置於受檢者頭部外圍的圓形金屬盤，協助研究人員觀察腦電活動。

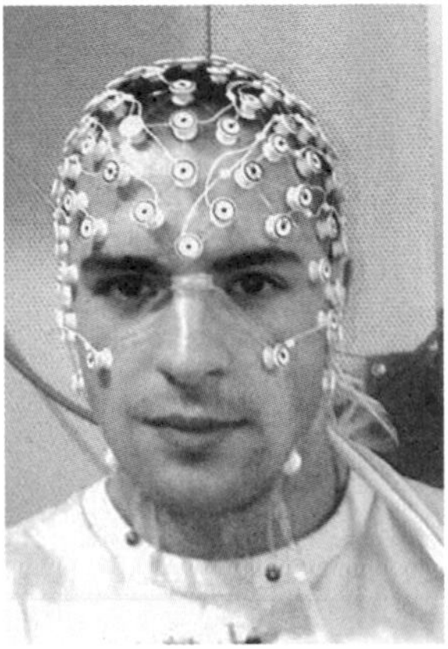

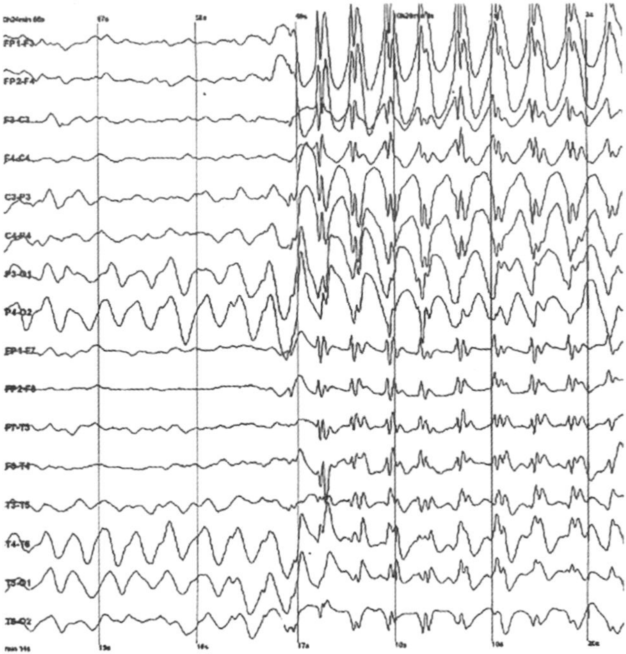

上方是頭戴腦電圖感測器的人。下方是他腦中形成的腦電圖波紋。

即財富」，就讓人印象深刻。另外，世界上偉大的作家往往因為善用比喻寫文章而聞名，你一定聽過莎士比亞的著名臺詞「世界是一座舞臺」，而你就是演員。

當你想到某個比喻，你就開發了腦中的路徑。（沒錯，這條路徑就是你先前看到的一組腦連結。）這條路徑讓你更容易進行有關真實概念的複雜思考。單單靠著想出一種比喻來表示你要說的東西，就代表你已經準備好要去瞭解背後艱深的概念了！也就是說，運用比喻的技巧，可以讓你更快**理解事物**。（這一切牽涉到所謂的「神經重用理論」（"neural reuse theory"）。[8] 你正在重新利用你已經學會、用來幫助學習新概念的概念。

一般而言，比喻會在某種程度上失去效果。

比喻就是將某個新概念連結到你已經知道的事物，以便幫助你瞭解。一旦比喻變得不管用，可以將它拋棄，另外去找新的比喻。

舉例來說，太空異形彼此電擊的比喻在進一步檢視時，便無法適切解釋關於突觸的概念。但是當比喻失效時，請不要馬上放棄，而應該另找新的比喻，讓它們幫助你更深入地瞭解概念。你也可以用不同的比喻來理解單一的概念——這正是我們剛才做的事：將串連的神經元說成一組腦連結或森林裡的鼠徑。

換你試試看

什麼是比喻

這一章中，我們提到兩個比喻：

- 智慧即是財富。
- 世界是座舞臺。

花點時間想想這些例子。你明白它們的意思嗎？你能否將這些比喻轉換成其他說法？如果想不出來，請查閱尾註的提示。[9]

聖地牙哥・拉蒙・卡哈

那麼，聖地牙哥是怎麼成為一個了不起的科學家？過程並不容易。

聖地牙哥的父親終於意識到他兒子需要不同的教育方法。他藉由讓聖地牙哥有機會瞭解真實的身體到底長什麼樣子，來引發聖地牙哥對醫學的興趣。他是怎麼辦到的？原來父子倆竟在深夜偷偷到墓地找屍體。（那是一八六〇年代的事，當時作風不同，現在可別幹這種事！）

有了這樣的經驗，聖地牙哥開始試著描繪身體的器官，因為他能夠實際看見、觸摸他所學習的東西，所以能夠專注在這些知識上。果然，聖地牙哥決定成為一名醫生。他重新學起年輕時錯過的數學和科學課程。這回他全神貫注，努力在腦中建構起以往未曾設置的適當路徑。

最後，他終於當上了醫生！他對細胞特別感興趣，決定成為一個病理學教授。（病理學教授是分辨健康與生病的身體組織的專家，他們藉由進行測試來完成任務，包括透過顯微鏡仔細觀察。）為了達成目的，聖地牙哥必須通過一個重要考試，他努力K了一整年的書，結果失敗了。他又用功了一年，還是失敗，到了第三次才總算通過考試。

聖地牙哥接著描繪透過顯微鏡所看到神經元呈現的美麗圖象。他所編輯的「神經元圖集」至今仍是現代神經元研究的起點。

但有個問題。聖地牙哥不是個天才，他有自知之明，他說話結巴，而且很容易忘記細節。不過他對神經元所作的研究，顯示了他能重新訓練他的大腦，他對數學和科學等科目所付出的努力，逐漸改變了他在這些領域的能力。透過緩慢穩定的練習，他創造出新的連結，改變了腦部構造，從此這個令師長頭痛萬分的壞孩子，搖身一變成為著名的科學家！

如今的科學研究，證實了聖地牙

總是跑在時代前端的聖地牙哥・拉蒙・卡哈，大約一八七〇年時拍下這幅世界首見的自拍像。（請注意，你看不見他的右手，因為它正在按拍照鈕。）聖地牙哥非常關心年輕人，甚至為他們寫了一本書——《給年輕研究者的建議》（*Advice for a Young Investigator*）。

哥的發現。我們都可以想辦法讓自己變得更聰明，靠的就是學習。而要讓學習獲得巨大的成效，你所能做的事之一，便是學會如何學習——這是本書最重要的觀念！往後我們會再提起聖地牙哥，你會發現為什麼他能在思想上超越天才，儘管他的腦力「有限」。

不想學習時會用的老藉口[10]

為什麼很多學習技巧對你來說不管用，我們輕而易舉就可以想出一百個理由。以下都是常見的藉口，我來告訴你該怎麼克服。

1. **我沒有時間**

如果你不願意花時間去解決問題，以及讓自己以更從容的步調專注閱讀，你便無法生長出新的神經連結；而長出新連結，是學習的唯一方式。如果你只是迅速瀏覽一下內容，這些內容依舊只存在於書頁上，不會進入你的腦中，也就是說，**你沒有學到東西**。因此，你可以實施番茄鐘工作法，讓自己進入專注模式，善用寶貴的時間。

2. 我缺乏想像力

創造比喻和古怪的圖象來幫助記憶，聽起來或許是一件難事。你可能覺得自己沒有像大人們那樣有想像力。但是你錯了！越接近幼年期的孩子，就越富有想像力。你應該保持這種孩子般的想像力，並且用它來幫助學習，從而繼續增進想像力。

3. 我學的東西沒有用

我們通常不會每天都做伏地挺身或仰臥起坐，但這些運動並非一點用處也沒，這些活動可以幫助我們保持良好的體能。同樣的，我們學到的東西或許不常在日常生活中派上用場，但學一個新東西，可以幫助我們保持良好的心智狀態。不僅如此，學新的東西也提供了資源，讓我們可以利用比喻，將新概念轉化到生活中。

4. 老師上課無聊得要命

老師教你的是事實和概念，你必須想出對你自己有意義的故事，才能記住這些概念。最無聊的事，莫過於老師替你完成了全部的工作，你反而無事可做！「你自己」才是學習過程的關鍵！你應該負起讓自己瞭解的責任。

停下來回想

讀完這個單元之後，把書闔上，移開視線。這一章的主旨是什麼？盡可能寫下來，你會發現你的神經元火力變得強大了。而且，如果你積極做筆記，會更容易記住東西。

第一次嘗試時，如果想不起太多東西，不必擔心。只要持續練習，你會注意到你在閱讀方式和回想內容上的變化。如果你知道，就連那些很厲害的大教授，有時也會承認他們想不起剛讀過的內容，一定教你大吃一驚吧！

完成後在方框中打勾：❑

換你試試看

自己創造比喻

想想最近你在學習上遭遇到的挑戰，不管是數學、語文、歷史或化學科目都可以。設法替你正在學的東西想出一個很棒的比喻。向朋友說明這個比喻。請記住，運用比喻，其實就是在想辦法將新知識與你已知道的事物連結起來。

在紙上塗鴉是創造出比喻的妙方，這些無聊的塗鴉可以產生出人意料的點子！以下是踏出第一步的例子：

- 如果你正在學習有關電子的知識，可以想像它們是帶有絨毛的小球。流動的電子產生電流，正如流動的水分子形成水流。
- 你可以將歷史想像成具備不同因素的「溪流」，這些因素最後促成了歷史事件的發生，例如法國大革命，或者汽車引擎的發明。
- 在代數中，你可以將X想成當你解決了方程式之後，才從洞中冒出頭的兔子。

神經科學基本用語

- **軸突：**軸突就像神經元的「手臂」，向外延伸到腦連結組中的下一個神經元。
- **腦連結：**腦連結組用來指稱作為團隊一份子的神經元，這些神經元會頻繁地發送「火花」越過突觸。學習新鮮事物，就意味著創造新的腦連結。
- **樹狀突：**樹狀突有如神經元的「腿」。樹狀突的樹突棘會接收來自其他神經元的信號，並且沿著樹狀突將信號傳送到細胞的主體（神經元異形的「眼睛」）。
- **樹突棘：**樹突棘是從樹狀突（神經元的「腿」）伸出來的「腳趾」。樹突棘構成了突觸連結的一部分。
- **發散模式：**我們用「發散模式」來指稱當你在休息、而且不特別思考某事時，某些腦區變得活躍的樣子。（神經科學家稱為「預設模式網絡」、「任務負網絡」或「啟動神經休眠狀態」。）
- **專注模式：**我們用「專注模式」來指稱當你密切關注某個事物，某些腦部位正在執行工作的樣子。你的腦在專注時的活躍部位，顯然不同於在發散模式下活躍的部位。
- **神經元：**神經元是形成腦部基本構件的微小細胞。你的思維是由透過神經元傳送的電信號所構成。在本書中，我們會說神經元有很多條「腿」（樹狀突）和一隻「手臂」（軸突），幾乎像是一種太空異形。電信號能從神經元的腿傳到手臂，再從手臂「電擊」彼此串連的下一個神經元。

● **神經可塑性**：大腦中的路徑可以改變的特性稱作「神經可塑性」。你的神經元就像一塊具有可塑性的黏土，你可以藉由學習來改變你的大腦！

● **突觸**：突觸是神經元之間極為狹窄的特殊間隙。電信號（你的思維）在某些化學物質的協助下，可以躍過這個間隙。我們說「強大的突觸」，指的就是信號躍過間隙的效能比較強大。

總結

◆ 神經元負責傳送流經大腦的**信號**，而這些信號就是你的思維。

◆ 神經元具備獨特的外觀，就像一種太空異形。神經元的一側有**樹狀突**（「腿」），另一側有**軸突**（「手臂」）。

◆ **樹突棘**像是神經元「腿」上的「腳趾」。

- **神經元的軸突會「電擊」另一個神經元的樹突棘**。這是神經元傳送信號給另一個神經元的方式。
- **「突觸」指的是幾乎碰觸彼此的軸突和樹突棘之間的狹窄間隙**。「火花」從軸突被發送至樹突棘。
- **比喻是一種有效的學習工具**，協助我們再次使用已經發展出來的神經元路徑，讓我們可以學得更快。
- **如果某個比喻變得不管用，可以將它拋棄，另外尋找新的比喻來用。**
- 本書中，我們提到腦連結（或者鼠徑）能透過兩種方式變得更強大：
  1. **讓每個突觸變得更大一些**，這樣火花也會變得猛烈。
  2. **讓更多神經元加入**，因此產生更多突觸。
- **藉由練習來強化腦連結（或說鼠徑）**。
- 我們很容易就能想出一百個理由告訴自己，為什麼很多學習技巧對我都不管用。**重要的是，你應該質疑這些藉口**。
- **許多一開始功課不好的孩子，最終都能翻轉局面，獲得好成績**。請記得現代神經科學之父聖地牙哥的故事！

小測驗練習

本章提到的知識點，已經進入你的腦中了嗎？請回答下列問題。

1. 神經元傳送其他神經元的＿＿＿＿＿，構成你的＿＿＿＿＿。（在空格中填寫最佳答案。）
2. 憑著記憶畫出神經元的圖象，並且標示出主要的部位。先不要翻書，試著努力回想，不要一味地找尋答案。這麼做有助於長出新的腦連結組！
3. 軸突會電擊樹突棘嗎？或者樹突棘會電擊軸突？換句話說，信號是否從軸突傳至樹突棘？或者正好相反？
4. 當某個比喻失效，變得沒有用處時，你會怎麼做？
5. 為什麼以前的科學家認為大腦是由單一神經元網絡所構成，而不是由許多彼此傳送信號越過微小間隙的較小神經元所構成？
6. 什麼是「腦連結組」？

7.「思維」與森林中的老鼠有什麼相似之處？

8. 當你學會一種新事物，你的腦中就形成一組新的＿＿＿＿。（空格中可填寫幾個不同的答案。）

（完成後，比對自己寫的答案和書末的解答。）

已經完成圖畫散步、並且準備好下一章的筆記本？❏

5 老師書桌的另一邊

嗨，我是艾爾，很高興認識大家。我和芭芭拉及泰瑞共同撰寫你正在讀的這本書。有時這兩位教授會用有點艱深或長長的句子寫作，所以由我來留意文字表達的問題。

我今年四十二歲，但今年夏天，我緊張地坐在考場，和一群十六歲大的學生一起參加考試！考的是化學，而我是全場中唯一的成年人。怎麼回事？難道我倒活了二十六歲……？

事情是這樣的。

我一直在英國的某所學校教書，那是一所很棒的好學校，你會喜歡它。但我教的是宗教和哲學，不是化學。事實上，直到一年前，我仍對化學一無所知。我小時候唸書不喜歡科學，科學很難，要學一大堆東西，我一點兒都不感興趣，所以學校讓我略過這個科目不用努力。不過，語文對我來說挺容易的，而且很有趣，所以我在這門課花了功夫，然後放棄了我認為困難的科目，比如化學。

「呼！」我當時鬆了口氣，覺得學校幫了我一個大忙，讓我不必費力應付困難的東西。但是長大後，我總覺得自己的知識領域少了某個重要的部分。

目前，我有一部分的工作是觀察其他老師上課，告訴他們如何改善教學方式。我們會討論這樣或那樣的教法，能不能幫助學生理解代數、第一次世界大戰，或是擊球？還有如何處理不聽話及不停用鉛筆戳其他同學的小孩？

我觀摩過不少化學課的教學，我總覺得困惑。老師用我聽不懂的語言上課，還知道怎樣混合那些我從未聽過的化學物質。上化學課的學生有時會問我問題，他們以為，對我這個「老師」來說，那只不過是「基礎」的化學知識，我應該知道答案。結果，我從來就答不出來，這讓他們感到驚訝。畢竟，如果我對原子一

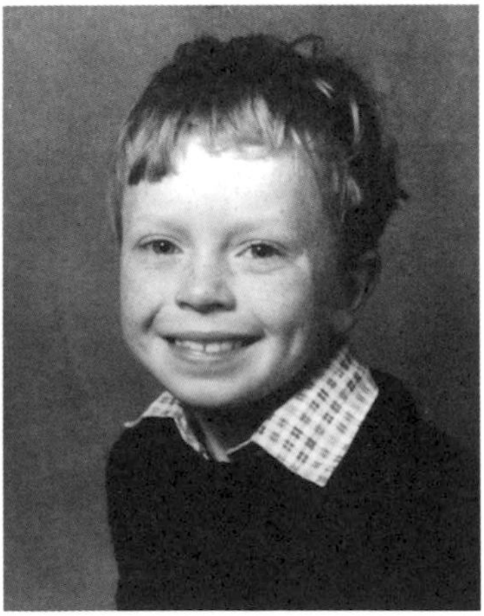

在瞭解原子是什麼玩意兒之前，曇花一現般，我有一頭茂密的頭髮。

竅不通，我要怎麼幫助一群化學老師教學？

要換了以前的我，根本毫不在意，一笑置之就算了。但現在我知道，在我的知識領域裡出現這麼一個大洞，感覺還挺不舒服的。

幾年前在英國，我遇見了芭芭拉。她來到我的學校分享她的故事。我發現她的分享激勵人心，而且對我有重大的意義。芭芭拉和我一樣，曾經也是「語言掛」的人，但她明白可以怎樣擴展她的熱情所在。她沒有讓自己侷限於所喜歡和覺得容易的事物，她說，我們可以重塑大腦線路，那是我前所未聞的事（因為我研讀的科學太少）。

後來我決定重新學習化學，並且採用芭芭拉和泰瑞的方法。我讀了芭芭拉的著作《大腦喜歡這樣學》，參加芭芭拉和泰瑞開設的線上課程「學習如何學習」。他們教導我在本書中所讀到的、那些關於學習的訣竅和技巧。接著，那年夏天我向全校師生宣布，我要和學生們一起參加化學考試，我希望我的學生們能夠幫助我。

在過去，是我在教他們，而現在，我卻要他們來教我。

> 種樹最好的時機是二十年前，其次是現在。——中國諺語

學生們都覺得我設定的目標很有趣。有人問我，這麼做有什麼意義，因為我並不需要為了工作而學化學。我解釋，我只是想更瞭解這個世界。還有，我想分享我從芭芭拉和泰瑞那兒學來的新功課，我認為這對本書的讀者也會有幫助。我會因此成為一個更好的老師，因為透過學習，我會記住當學生的感覺。

我的學生給予我許多的鼓勵和幫助。當我在學校蹓躂時，他們常常問我：「嗨！艾爾，你的化學課上得如何了啊？」這讓我想採行番茄鐘工作法，讓自己更專心。他們推薦我不少網站和學習指南，還考了我很多基本知識。當我出現在化學教室，他們會邀請我一起做實驗。當我困

在我努力學習化學時，學生們幫了我很大的忙。

惑不解，他們會耐心為我講解簡單的原理。他們大可嘲笑我，但他們沒有。我發現每個學生都可以變成一個了不起的老師。

我盡可能遵循芭芭拉和泰瑞的建議，每回連續用功個二十五分鐘，刻意兼顧一段時間的專注和一段時間的休息。我所謂的「休息」，通常意味著去蹓我那隻名叫維奧麗的狗。泰瑞曾告訴我，運動帶給他莫大的好處，我想運動對我也一樣有好處。有時我會在散步時對著維奧麗解釋起化學概念來，把你所知的知識教授給他人，是一種很棒的學習方式，即便你的學生是一隻狗！

我會努力回想課程中重要的資訊。每學完一個新章節，我就做題目進行自我測驗。如果我不太瞭解書裡的內容，我會上網搜尋教學影片，但盡量不讓自己因此而分心。如果還不管用，我就請教我的學生。他們通常知道答案，而且我知道，他們在教我的過程中也會獲得好處。這是種雙贏局面。

維奧麗有時聽不懂我對她解釋的東西。

我記得要藉由交換主題來進行**交錯**（你很快就會學到相關技巧。）我先大致翻閱每一個章節，弄清楚接下來的內容。我查看考古題，掌握老師可能會問的問題。為了記住困難的東西，我自己腦補一些搞笑畫面，例如想像自己對著一輛熔化的**白色**（white）保時捷汽車**哭泣**（crying），這可以幫助我記得冰晶石（cryolite）是熔解鋁的催化劑，那是一種**白色**粉末＊。這個方法對我很有效……

為了達成目標，一年內我必須有所犧牲，我已經答應學生們我一定會全力以赴。我工作很忙，所以得利用假期和週末來研讀化學。我家人都覺得我瘋了，但我樂於消滅我的知識空洞，而且我喜歡運用有效的方法，讓我明顯察覺自己在進步。

當考試來臨，我想我會有不錯的表現，雖然不是太有把握。我在一年內盡了最大的努力，但多數學生在考試前已經用功了五年。我希望我做了更多的練習，我想知道我的心智彈珠檯上的路徑到底有多強大？

考試是公平的。有些題目比較難，但多半能夠讓我展現我的程度。考完試後，我

＊白色的英文是 white，大哭一場的英文是 cry-a-lot，而冰晶石的英文是 cryolite。這裡用 cry 結合 white，來記憶 cryolite 這個單字，而 crylot 也與 cryolite 發音相近，利於記憶。

覺得我已經全力以赴。我得等八週之後才能知道成績。在公布成績那天，我和學生們一樣緊張不已。當我打開信封，我實在樂壞了！我高分過關，我終於可以大聲跟學生們宣布我的成績，而不必感到尷尬。最後他們與我一起分享成功的喜悅。

我真的很高興我辦到了。我因此有許多很棒的機會和學生談論有關學習的事，並且和他們分享芭芭拉和泰瑞的洞見，這提醒我當個學生以及努力應付困難功課的滋味。老師們經常會忘記這件事，因為他們都是各種專業領域的行家。他們有時不理解，為什麼孩子會覺得功課很難懂（的確，初學者往往會覺得功課很難），有這樣的提醒實在是一件好事！最棒的是，我有了與學生們共享的經驗，我得以更加理解他們的世界，也更加理解原子是怎麼回事。此外，我獲得了很棒的技巧，我可以成為一個更好的學習者。

我認為許多成年人都能從類似的學習計畫中受益。特別是那些常常與孩子互動，或是陪伴在他們身邊的人。所以，你不妨鼓勵你的老師或父母去學習某件新事物，而你要提供他們各種幫助，這麼一來，你就能跟他們有很棒的對話，關於怎樣才能成為一個好的學習者。而他們也會更加理解你的世界。

停下來回想

站起來活動一下，鬆鬆筋骨，喝杯水或吃些點心，或者假裝你是一粒電子，正繞著桌子運轉。在你活動身體時，看看能否回想起這一章的主旨。

完成後在方框中打勾：❑

換你試試看

休息時間

艾爾·麥康維發現，在實施番茄鐘工作法的空檔，從事發散模式的休息，會讓學習更有效益。

拿出一張白紙，列出進行發散休息時對你有用的活動。如果可以，邀請你的朋友一起做，然後比較你們的清單。

總結

◆ 要學好一門你從未想過你會拿手的新科目，是有可能辦到的。即便你現在已經是個大人了，也辦得到喔！

◆ 學習新的知識，可以賦予你力量。

◆ 運用番茄鐘工作法和積極回想的技巧，以及多運動（你很快就會學到相關課題！）都可以促進學習的效率。

◆ 如果你覺得某個問題的答案不合理，不妨上網查看其他的解釋。

◆ 在回答問題卡住時，尋求別人的幫助。

◆ 不要害怕回到初學者階段，即使你的年紀比其他的學生都大。

已經完成圖畫散步、回答了章末的問題，並且準備好下一章的筆記本？❏

6 邊睡邊學
如何在醒來之後變得更聰明

誰不希望讓大腦升級？讓腦部「軟體」更新？使腦連結更加緊密？你知道嗎，你的大腦每天晚上都在升級！

睡眠的力量

科學家楊光專門研究神經元。如同第四章提到的聖地牙哥，楊光也喜歡發現新的事物。她對於如何學習特別感興趣，想知道大腦神經元是否在我們學新鮮事物時有所改變。如果神經元**的確**在我們學習的時候改變了樣貌，或許能提供更有效的學習線索。

楊光發現神經元**的確**會改變，而這個重大的改變發生在我們學了新東西，**接著去**

睡一覺之後！楊光利用新技術拍攝活生生的神經元。以下照片顯示出部分的樹狀突，你可以看見從樹狀突長出來的樹突棘（腳趾）。

在白天學習時，有些小突起開始出現於樹狀突上。但是這些樹突棘**真的**在睡眠的期間成長了！[1]下圖的箭頭指出隔天早上發現的新樹突棘。

這些樹突棘形成了突觸，與其他神經元的軸突互相連結。哇！這表示腦連結是在你睡覺時鞏固起來的。一個神經元甚至透過**幾個**突觸與另一個神經元串連，形成更牢固的腦連結。

睡眠期間，大腦會排練白天時學到的東西。我們可以看見電信號一再通過

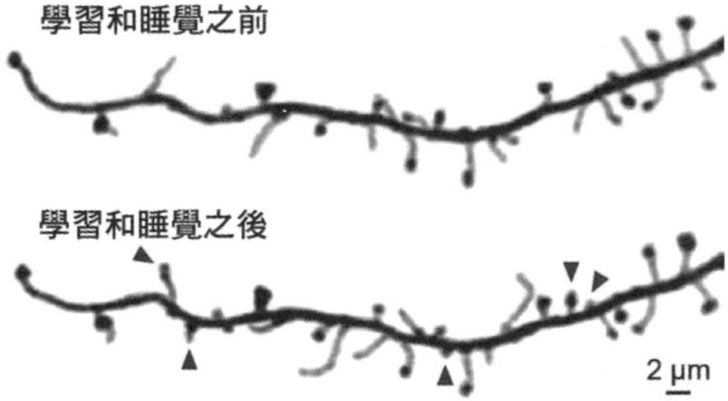

這兩幅圖象分別顯示學習和睡覺前（上），以及學習和睡覺之後（下）的神經元樣貌。下圖箭頭處指出睡眠期間生長的新樹突棘。注意看，有些樹突棘不見了。它們發生什麼事？

相同的神經元組。彷彿當我們在睡覺時，太空異形才有機會重複傳送令人安心的友善電擊。或者你可以想像，夜裡你的心智小老鼠有機會沿著神經的路徑多跑個幾趟。這種睡眠期間的「夜間練習」，似乎讓樹突棘長得更大了。當樹突棘變得粗壯，突觸也變得強健（換句話說，能夠發送更強的信號）。最後，你的腦連結變得強大且穩固。

白天時專注於學習新事物，能促進新的樹狀突「突起」開始形成。（這是展開「積極回想」之後，產生了最初的突起。）接下來，晚上睡覺時，這些小突起變成了樹突棘。新的樹突棘與新神經元的突觸開始連結。如同前一章提到的，

科學家楊光與合作團隊在研究學習方面有了重大發現。

這些連結越多就越強健，而你的腦連結組也越牢固。這表示你更容易思考你正在學習的東西，就像你能在平坦順暢的道路上駕馭思維，而不是在充滿坑洞的泥濘小徑辛苦前行。

順帶一提，光是你在讀這一頁的當下，新的樹突棘就已經開始生成了，你的腦在學習時起了變化！

不過這當中有件怪事。樹突棘有點像是測謊器。新的樹突棘及其突觸只有在你真的專注於你想學習的新資訊時才會生長，你無法欺騙它們。樹突棘能辨別你是否一直打電玩，或者傳簡訊給朋友，而不是在用功讀書。

事實上，即便新的樹突棘和突觸形

「突觸清潔工」正在掃除樹突棘。

成，如果你不加以訓練，它們很容易萎縮和消失。如果你不使用它們，就會失去它們。這種情況就好像有個「突觸工友」不時會過來清除樹突棘，因為它們沒有被使用。憑藉新的成像技術，我們可以看見樹突棘的消失！仔細觀看前一頁的影像，你能否看出下圖的右側有一個樹突棘沒有度過當夜。（如果你找到它，給自己一個嘉獎！）

這正說明了為什麼你在課堂上能瞭解老師教的東西，但等到過了幾天再復習，卻發現你完全無法理解了。接下來，你得重新專注於同樣的內容，你必須像第一次那樣重啟生長出樹突棘的過程。分散練習會讓你記得更久。

換你試試看

檢查你的突觸連結

神經元不只存在於大腦中，也存在於身體的其他部位。而且你確實能看見神經元和突觸在運作的樣子。我們來做個實驗：坐在床上，讓雙腳自然地垂在床邊。接下來，輕輕敲打膝蓋下方。（如果沒有擊中正確的位置，就不會發生作用。）

小心不要太用力，只要達到讓膝部自動抽動的程度，這稱作「反射」。

當你輕輕敲打膝蓋下方，會造成某塊肌肉拉動膝蓋上方，這塊肌肉透過連接到脊髓的感覺神經元發送出信號，該信號躍過突觸，到達使肌肉抽動的運動神經元。突觸的強度（也就是躍過神經元間隙的信號強度）會控制膝部抽動的幅度，強大的突觸會使膝部快速移動，但微強的突觸不會讓膝部有太大的活動幅度。這就是醫生輕輕敲你膝蓋時要檢查的東西。（如果你的膝部不會抽

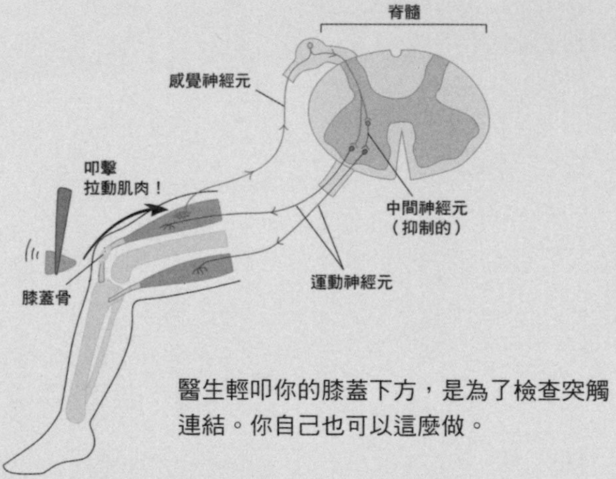

醫生輕叩你的膝蓋下方，是為了檢查突觸連結。你自己也可以這麼做。

動，也用不著擔心，因為有些人對於敲擊膝蓋沒有反應，這完全是沒問題的。）

我們的身體還有許多不同的反射動作，如果有人當著你的面發出巨大的聲響，你會忍不住眨眼睛；如果你用手指按壓嬰兒的手掌，他會抓住你的手指。很酷的是，這些反射動作能保護你的身體。舉例來說，如果你碰觸到熱火爐，迅速反應的反射動作能夠防止你燙傷。整個過程中，資訊只需要從肌肉發送至脊髓再回傳，毋需一路傳至大腦；因為傳送到大腦得花費時間！當你的手放在熱爐上，你需要的是儘快移開，而不是思考之後再作決定。

間隔提取練習：建構學習的磚牆

總括來說，更多的學習、練習和睡眠，會讓你長出更多新的及更強壯的樹突棘和突觸連結。哇，多麼堅固的學習結構！好的學習結構就像一堵堅固的磚牆，它們會逐漸增長，變得愈加牢靠。如果你接連好幾天花時間學習某個特定項目，其間經歷了幾段睡眠，這樣就會有更多時間讓新的突觸連結生長，讓腦中的新知識鞏固下來。2你的心智老鼠會趁著夜裡你睡覺時持續奔跑，一再踩踏著相同的神經通道。（別忘了，老鼠習慣在夜間出沒！）練習可以固定住這些新概念，或者讓概念加以強化。

「填塞」就代表著拖延，或是在最後一刻拼命用功。現在你知道為什麼死記硬背不是好事了，如果你將功課留到最後一刻才寫，復習時間就會變少，藉由睡眠才能長出的突觸數量也會變少，所以你無法好好回想細節。此外，將新概念與其他概念連結起來的時間也變少了。

有些學生會刻意「逆向拖延」，如果他們被規定星期五要交作業，他們可能星期一就完成所有作業，把事情給解決了。逆向拖延固然不錯，但更好的是在交作業前復習一下，讓你的大腦有機會強化這些連結。

這再度突顯出一件事：當你學一種新東西時，你應該趕在樹突棘和突觸連結開始萎縮之前加緊復習。一旦樹突棘和突觸連結萎縮，就必須從重展開學習的過程。所以，務必要在已經學到的東西上累積出成果。你可以仔細翻閱筆記，向某個朋友解釋這些筆記，或是製作閃視卡。當你能夠回想起更多資訊時，記得要減少查閱的次數。3分散於好幾天的短暫練習，比起一次長時間的練習，更有助於將資訊儲存於記憶中。

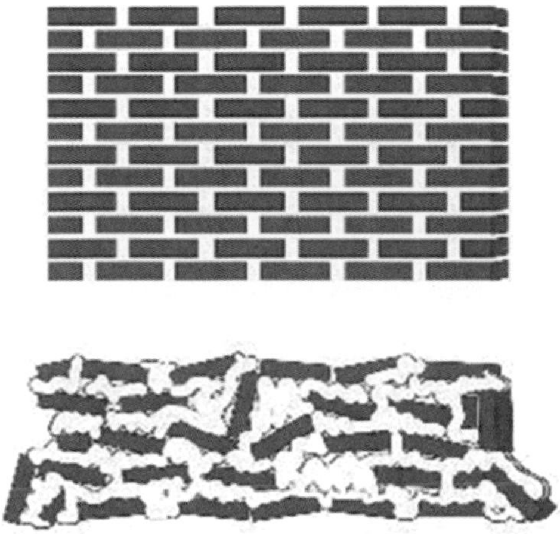

如果你藉由睡眠讓兩層磚頭之間的「灰漿」變乾，你便打下了堅固的神經地基。這是一堵狀態紮實的牆。如果你不等夾層變乾，在一天之內拼命築牆（填塞學習），牆壁就會一團混亂。如果你將每件事情都拖到最後一刻才完成，你的學習也會發生同樣的情況。

如果你每天持續練習學到的新東西，
你的腦連結組會變得厚實而牢固。

記住，不要直接看答案，而要將答案從你腦中拉出來（「積極回想」技巧），只有實在非看不可時，才去找解答。從腦中「拉出」答案的作法，正是刺激新的樹突棘生長的關鍵，直接看答案一點幫助也沒有。

我舉個案例。一個女孩正學習關於不同腦部位名稱的新單字。你可以從上一頁的日曆看出來，她從星期六開始學新單字，對它們還不太熟悉。她在星期日和星期一復習回想這些字，於是連結開始變強。接連三天的復習之後，新的學習逐漸鞏固，所以她可以休息一天。但更新的連結尚未穩固下來，到了星期二晚上，新的學習開始有些消退。星期三的復習又使得成果穩固，而星期五再一次復習，確保字彙在腦

回想是促進學習最有效的方法之一。

中的軌跡變得清晰。她可以很順利地應付星期一的考試。

另一個人在星期一考試前的早上才進行學習。即使他用功了好幾個小時，也無法在學習之後稍微睡一覺，讓新的突觸形成。除非等到他在星期一晚上睡覺，否則這條通道不會開始成長。只可惜，那是考試之後的事，太遲了。突觸工友很快就會清除掉疲弱的突觸，所以他白費了功夫！

更糟的是為了考試而死記硬背的行為。你可能會這麼想：我以後不會用到這些東西，所以我不打算加以練習。然而，一旦你不練習剛學會的東西，你的突觸吸塵器就會在你腦中偷偷蹓躂，吸走新的樹突棘，結果你設法發展出來的新連結就此

如果你不練習你正在學習的新概念，
你的突觸清潔工便會掃除、甚至吸走它們！

消失。

請謹記一個觀念：有些人比別人需要更多的練習和重複，才能記住某個概念。就拿我來說好了，我往往必須比別人練習更多次，才能記住東西，那是我學習的方式。相形之下，泰瑞學新東西的速度比我快多了，而這本書的另一位作者艾爾，在學某些事物時相當快，但學某些東西時又特別慢。但是，即使我們都以不同方式和速度學習，但一樣有好點子貢獻給學習的世界。所以，如果你必須比別人花更多時間來唸書，不用難過，你仍然可以跟他們唸得一樣好，甚至更好！

你可能有許多科目必須學習和理解。沒關係，每一次只要學一個科目，研讀時投入全部的注意力，不要去想你還有多少事情要做。當你著手研讀時，給予它全部的注意力。另外，有時學東西必須跟上許多迴異的主題，這似乎是件難事，但卻有助於保持心智靈活。你可以創造新的腦連結組，每天利用不同的科目加以練習。請放心，你腦中有數不清的房間，不管你多努力，你學到的新東西都不可能將這些房間全部塞滿！所以，學就對了。

我們該繼續前進了。下一章我們要認識大腦的注意力章魚！

停下來回想

如果你身旁有家人、朋友或同學，不妨試試「積極回想」的練習。讓他們知道你從本書中或課堂上學到最重要的概念。教導別人新概念，可以讓你用新的方式來思考這些概念。另外，重述這些概念，也能在你的心智中建立強大的腦連結，以便在接下來幾週和幾個月內將它們牢牢記住。如果你學習的內容很複雜，不妨將它簡化，以便讓別人聽得懂。這麼一來，你也能建立起你自己的理解。*

完成後在方框中打勾：❑

* 這個練習有時稱作「費曼技巧」，這個名字來自聰明有趣的物理學家理查・費曼（Richard Feynman）。以下是芭芭拉的朋友史考特・楊恩（Scott Young，一位學習冒險家）所製作的費曼技巧相關影片：https://www.youtube.com/ watch? v= FrNqSLPaZLc.

換你試試看

先想想你學到的東西，之後再復習

下回當你在學有點困難的新東西時，試著進行以下實驗。第一天練習好幾次，看自己能否在讀完之後回想起新學到的內容。這有點困難，對吧？

接下來，隔天再嘗試幾次，回想那些新學到的概念。你有沒有注意到，事情開始變得比較容易了？如果你接連幾天都不停嘗試，你很快會發現，要想起新概念已經不那麼困難。只要你需要，你的腦子很快就能想起來。

總結

◆當你開始學習新資訊，新的樹突棘和突觸便開始形成。然而，**樹突棘和突觸是在**

你專注於學習之後，才會發展起來，就在你睡覺的當晚。

◆ **睡眠可以提供你用來鞏固學習之牆的「灰漿」。**

◆ 當你持續練習學到的東西，樹突棘和突觸會進一步發展。**你越常將某個思維送進神經通道，它就越加牢固。**腦連結組就是這樣形成的。

◆ **不要惡補填塞。**將學習分散在幾天的時間裡。這麼一來，你有更多個晚上的睡眠讓更多樹突棘和突觸去生長。

◆ **每個人的學習速度都不同。**如果別人學得比你快，不用難過，你只是需要投入更多的時間。很快你會發現，當一個「慢速」學習者，可能更有優勢。

小測驗練習

1. 為什麼睡眠對學習是重要的？
2. 為什麼樹突棘像個測謊器？
3. 當你練習某個新概念，會對突觸產生什麼影響？

4. 為什麼分散學習是好事？
5. 大聲對自己或朋友解說「磚牆」的比喻。
6. 讀完本章後，你會用不同的方式學什麼？

（完成後，比對自己的答案和書末的解答。）

已經完成圖畫散步、回答了章末的問題，並且準備好下一章的筆記本？❑

7 書包、置物櫃和注意力章魚

想像有一隻注意力章魚，牠的手臂從你的書包伸到你的學校置物櫃。*聽起來很怪？注意聽我說。

你的**書包**可能比你的置物櫃小多了。這樣很好，因為你得揹著書包到處走。（你試過扛著置物櫃嗎？別做這種事。）不過書包有個缺點，相較於置物櫃，你沒辦法裝進太多東西。**置物櫃**比書包大，能裝下更多的東西。置物櫃的壁面和門有裝飾的空間。但是置物櫃也有缺點，它不在你伸手可及的地方，你得走到大廳，才能拿取物品。

---

*好吧，也許你的學校沒有置物櫃，或者有，但是很小。無論是哪種情況，請想像你在附近某處有個大型置物櫃，必要時可以放你的東西。

為什麼要談書包和置物櫃？賓果！它們是比喻。大腦儲存資訊的方式，就像書包和置物櫃。為了達成記憶的任務，大腦以兩種不同的系統運作：**工作記憶**和**長期記憶**。[1]

你的工作記憶就像一個書包。書包小小的，裝不了太多東西，而且裡面的東西還可能掉出來。但是它真的很方便，它能容納你有意識在處理的東西，所以稱作「工作記憶」。而置物櫃就像你的長期記憶，它存在於背景中，就在玄關那裡。相較於書包，你可以將更大量的資訊儲存在置物櫃。但有時你的置物櫃裝了太多東西，不容易找到你需要的。

書包和置物櫃，你該使用哪一個來裝東西？

工作記憶：注意力章魚上場

我們先來探索你的心智書包，也就是你的工作記憶。想像有一隻可愛嬌小的注意力章魚住在你的心智書包裡，這隻章魚讓你能夠抓住腦中的想法。章魚在牠每隻手臂的末端發出微小的電火花，對神經元「說話」。

「注意力章魚」是很棒的比喻，你知道的，善用比喻是學習的絕佳方式。你的注意力章魚，也就是工作記憶，住在大腦前部，那裡是前額葉皮質，就位於雙眼上方。

你的注意力章魚會幫你抓住工作記憶中的資訊，處理你腦中此時此刻所想的事情。例如，你今天認識了三個人：瓊恩、瑪格麗特和莎拉，你的章魚便用手臂將這些名字抓進你的腦袋裡。

等等。她的名字是莎拉？或者莎莉？章魚的手臂可能有些滑溜，不小心就讓資訊溜走。因此我們會複述我們想記住的某件事物，例如名字，「莎拉、莎拉、莎拉。」或者電話號碼，或者媽媽剛才交待你去做的家事。你在幫助你的章魚抓住東西，或許只能持續到你將它寫下來之前。（事實上，將待辦事務寫下來，是讓你的章魚抓緊資訊的好辦法！）

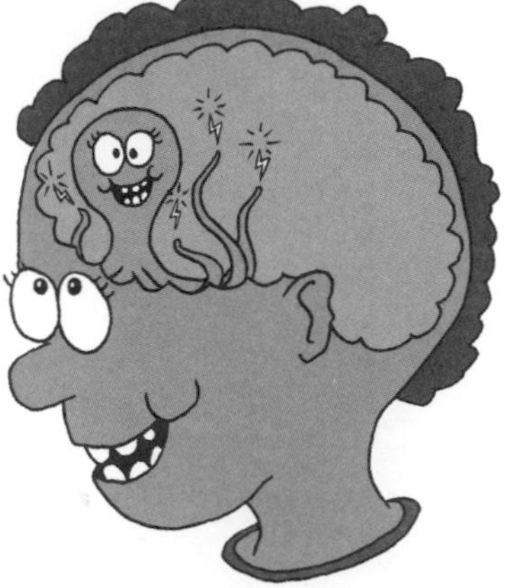

注意力章魚住在心智書包裡，也就是你的工作記憶中。牠有四隻手臂，能抓住你正在處理的資訊。

如果不保持專注，注意力章魚會遺漏掉資訊，打起瞌睡。

像玩拼圖或做數學題這樣的腦力挑戰，會讓注意力章魚十分忙碌。

注意力章魚不像一般的章魚。首先，牠是一隻電章魚，而且只有四隻手臂，所以一次只能抓住四件東西。心理學家談到工作記憶有四個「插槽」，但我認為章魚手臂是更好的比喻。2

例如，你的心智清單是這樣：「蹓狗、打掃房間、逗弟弟玩、做家事。」如果加入更多項目，你很可能就忘記了，因為注意力章魚沒有足夠的手臂。當你沒有專注於某件事，章魚便會遺落資訊和打瞌睡，等著你叫醒牠，讓牠上工。

要怎麼喚醒注意力章魚呢？你得專注於資訊。你是否聽過某個名字之後就忘了？那是因為你沒有保持專注。如果章魚睡著了，牠就抓不住資訊。*

當你學新東西時，你的工作記憶充滿電活動。3 章魚正忙得不可開交，手臂全部纏在一起。下面的圖案就是當你專注於學習，努力解答物理問題、背誦生物學概念或者翻譯德語句子，你的章魚看起來的模樣。

學習新事物，能讓你的注意力章魚真正幹起活來！

* 順帶一提，你的注意力章魚在發散模式中是睡著的。不過，章魚手臂依舊能胡亂揮動。那就是創意的來源！

每個人都有一隻注意力章魚，但每隻章魚不太一樣，有的擁有四隻手臂，有些有五隻，甚至更多手臂，這些手臂能抓住腦中更多資訊。有些章魚只有三隻手臂，無法抓住太多資訊。有些章魚擁有能抓緊的手臂，很容易「黏住」資訊。有些章魚的手臂滑溜，似乎總是讓資訊滑走。*4你擁有什麼樣的章魚？如果你認為你的章魚手臂較少，或者是滑溜了點，不必擔心，雖然乍聽之下不是好事，但在某些情況下卻受用無窮。

無論如何，你的章魚也會疲勞，只能短暫地抓住資訊，或許堅持十到十五分鐘。接下來，資訊便開始溜走，除非你保持專注或複述，才能在腦中留住它。如果你想長時間記住資訊，你需要在別處下功夫——那就是，找一個比工作記憶更安全的地方。

長期「置物櫃」記憶

幸好，大腦還有另一個記憶系統，就是長期記憶。你可以將許多資訊儲存在這個「置物櫃」裡，它就像魔術表演中的道具，外表看起來很小，裡面空間卻很大，你絕

---

* 隨著年紀越大，當你步入六十歲的年紀或者更老，章魚抓握力會減弱。但是就像第十四章提到的，動作型電玩可以讓這種抓握力再度變強。研究顯示，電玩遊戲能使六十歲老人的專注力回復到二十歲的水準！

不可能塞滿它。這個置物櫃裡裝著你朋友的臉、你喜歡的笑話、你的學校格局，還有許許多多事實和概念。你所記得的每件往事都存在長期記憶中。那麼，長期記憶位於腦中的哪一處？長期記憶不像工作記憶主要位於單一個部位，它的分布範圍大多了。

每件資訊都是一組腦連結。簡單的資訊構成小的腦連結組，複雜的資訊則由更長、更複雜的腦連結組所構成。但你要如何將新資訊放進長期記憶中？你如何形成腦連結？有沒有簡單的技巧能幫助你更容易記憶？

有的，下一章我們要開始學習這些技巧。

停下來回想

這一章的主旨是什麼？幾乎沒有人能夠記住大量的細節，這很正常。但如果你能將這一章的精華概念塞進幾個關鍵的腦連結，你會驚訝地發現，你的學習成效大幅提升了。

完成後在方框中打勾：❑

換你試試看

記憶演練

還記得莎士比亞的比喻「世界是一座舞臺」嗎？試著製作一齣包括了書包、置物櫃和注意力章魚的舞臺劇！你可以在鏡子前扮演這些角色，或者邀請朋友和你一起演戲。利用這齣戲來解說不同的記憶系統，以及它們如何與注意力章魚和腦連結合作，幫助你學習。

總結

- 你擁有**兩種記憶系統**：工作記憶和長期記憶。
- **工作記憶**牽涉到你當下有意識思索的事物。
- 工作記憶的系統，大半存在於你的前額葉皮質。

◆你可以想像工作記憶就像一隻友善的「注意力章魚」，牠通常擁有四隻手臂。**有四隻手臂這件事，說明了為什麼你的工作記憶只能維持數量有限的資訊**。

◆**長期記憶**分布於腦部的許多區域，你必須用注意力章魚的手臂去「採取」。你的長期記憶擁有無止盡的儲存空間，不過你得透過練習和程序加以利用。

小測驗練習

回答下列問題，檢視你是否已經瞭解這一章的內容。回想和解釋你新學到的知識。（請記住，你得設法努力回想出答案，如果直接翻看書末的解答，對你不會有幫助。）

1. 你的工作記憶與書包有什麼相似之處？
2. 你的注意力章魚「住」在大腦的什麼地方？
3. 人們的工作記憶通常能掌握住多少項資訊？

4. 你的長期記憶與置物櫃有什麼相似之處？
5. 長期記憶位於大腦的什麼地方？

（完成後，比對你的答案和書末的解答。）

已經完成圖畫散步、回答了章末的問題，並且準備好下一章的筆記本？❑

8 強化記憶

以他這個年紀來說，尼爾森·德利（Nelson Dellis）是再普通不過的一個小孩。他會忘記生日、雜貨和名字。如果是可以忘記的事，他很快就把它忘了。某天他爸爸回到家時，發現爐子上有一支燒焦的熱狗。尼爾森忘記他在爐子上烤熱狗。

多年後，三十一歲的尼爾森成為全美記憶力冠軍，正進入最後階段的比賽。厲害的對手在上午的回合中擊敗他，以驚人的速度記住卡片和數字，破了紀錄。雖然尼爾森也創下記住名字的新紀錄（十五分鐘內記住兩百零一個名字），但他的成績仍然暫時落後。他晉級下午最後回合的比賽，他得完全發揮他的記憶專長，才有勝利的希望。他必須背熟兩副牌（共一百零四張！）的全部順序。

尼爾森能否成為全美記憶力冠軍？從一個容易忘事的普通人，變身為記憶力超群的專家，這種事可能發生嗎？

深入長期記憶

我們已經認識了心智書包裡的章魚，那是你的工作記憶。本章我們要進一步探討你的置物櫃，換句話說，就是在長期記憶中所發生的事。你的長期記憶分成兩個部分：一是放在置物櫃架上的牙膏管。二是置物櫃裡的其他物品。

什麼？牙膏管和置物櫃裡的其他物品？是的，這是我們用來比喻兩部分長期記憶的物件。要將東西擠進牙膏管很困難（你試過嗎），而要在置物櫃壁面貼上圖片，則十分容易。

尼爾森・德利原本是個記憶力普普通通的小孩，長大後卻成為超級記憶專家。他是如何辦到的？

你的注意力章魚能從長期記憶取出資訊，也能將資訊放進長期記憶中。牠會依據這個資訊是**事實**或是**圖象**，來決定要放在什麼位置*[1]。對大腦來說，事實就像一堆軟趴趴的牙膏，難以儲存。因此，如果這項資訊屬於一種事實，章魚便設法將它擠入牙膏管保存，你可以想像這是件多麼費力的事！然而，如果這項資訊是一種圖象，章魚只需將它張貼在置物櫃的壁面，便告了事。

所謂的「事實」是什麼？它可能是像日期之類的東西。比如說，矽晶片發明的年代是一九五九年。†或者，葡萄牙語的「鴨子」是

牙膏管就像你置物櫃（亦即長期記憶）中的「事實」部分；要將東西擠進牙膏管很困難！

---

* 心理學家稱這兩種不同類型為語意（事實）和事件（圖象）範疇。

† 矽晶類似於電腦的神經元。

pato，這些資訊都屬於事實。

事實是抽象的，無法輕易描繪，因此它們也難以保存。但是，圖象資訊卻容易記憶得多。你的廚房餐桌旁有幾張椅子？你能在心裡描繪出廚房的樣子和椅子的數量，你也能輕易指出從你家到雜貨店的路線。

如果你能將需要記憶的事實轉成圖象，會比較容易記住它，如果是一幅很不尋常的圖象，那就更容易被記住。再者，如果這幅圖象涉及動作，也會被記得更牢固。這正是尼爾森的辦法！

五個記憶訣竅

尼爾森·德利能擁有絕佳的記憶力，是他努力培養而來的成果。‡他還有許多技巧幫助他記住幾乎每樣東西，包括詩文、數字、話語和外語單字。我問尼爾森，他能將資訊順利放進腦中，並且長時間記住的訣竅是什麼。他給了我一些建議：2

---

‡尼爾森的書《牢牢記住！》（*Remember It!*）是本好書。（適合成人閱讀。）

1. 專注！聽起來平淡無奇，但你得用力提醒自己要集中注意力。重要的是，告訴自己，那些你即將要記住的東西，這麼做非常有用。盡可能專注在要記的東西上，越常練習控制你的注意力，就越能保持專注！

2. 練習。尼爾森說：「除非大量練習，否則你無法精通任何東西，這個道理適用於世上一切事物。」所以你要去練習記住東西，無論是生物學知識、一長串的待辦清單，或是朋友的電話號碼（你可以讓他們嚇一跳，因為現在幾乎沒人在記電話號碼了）。

3. 將事物圖象化。你記住圖象的能力，遠高於記住抽象事實的能力。將正在記憶

如果你想記住某件事，告訴自己保持專注，會很有幫助。

的東西轉變成心眼可見的圖象，「你的腦會立即加以吸收。」尼爾森說，「如果讓圖象加上動作，就會記得更牢固。例如大猩猩是一回事，正在跳探戈的大猩猩又是另一回事。」

4. 儲存。想辦法將這些資訊與你已經知道的事物產生關聯。就像找到一個錨，讓你可以將圖象放進腦中的某個定位，並且輕易取得。即使是連結你所認識的某人名字與長相這樣簡單的事，也是一種不賴的定錨策略。（例如：他的名字是丹，和我叔叔同名，但他的個子矮多了。）

5. 回想、回想、再回想。清單中前幾項都是讓你能夠輕鬆將資訊放進腦袋裡的作法，但最後這個「積極回想」技巧，你需要反覆地去提取資訊，使資訊安全儲存於長期記憶之中。一開始，你必須經常刻意回想，隨著時間而減少次數。閃視卡是一種有用的工具，我推薦Quizlet這款受歡迎的閃視卡應用程式，它還具備聽寫、翻譯、測驗和遊戲功能。

尼爾森說，如果你很難專注，練習記憶技巧有助於改善你的專注力。另外，還要刻意去記住東西，這樣專注和記憶兩者才能彼此強化。比方說，現在尼爾森必須記住三樣東西：

1.「葡萄柚」的法語單字是pamplemousse。（正確發音是"pompla-moose"）
2.神經元是由軸突和樹狀突構成。
3.吃砷不好。

尼爾森可能會用這樣的辦法來強化記憶：

1.一隻老鼠替一顆膨脹的葡萄柚打氣的景象。（"Pumper-mouse"〔打氣筒—老鼠〕發音很相近！）
2.一個茫然的殭屍。他將斧頭和一隻筆掉在地板上。他拾起它們，將斧頭綁在背上，然後開始寫字。*

*軸突的英文是axon，拆開來就是Ax on，也就是把斧頭綁在背上。樹狀突的英文是dendrites，與「然後寫字」（then writes）的發音近似，因此利於記憶。

揹上斧頭，然後寫字（den drites）！

3. 想像一個嘔吐的人。如果你吃砷，你會生病！

基本上，尼爾森提示自己一些老套的視覺化玩笑話，藉以加強記憶。如果你也不介意用有點蠢的方式來記憶，你會驚訝地發現，記東西原來這麼容易！而且編造這些笑話還蠻好玩的。

以下是艾爾化學課上出現的例子。在化學中有種稱作「金屬活性序」的東西，簡單來說，有些化學物質比其他的化學物質更容易爆炸。你最好知道哪些會爆炸，而哪些不會。為了應付考試，艾爾必須記住以下清單。他必須以正確順序來記住這些金屬：

1. 鉀
2. 鈉
3. 鋰
4. 鈣
5. 鎂
6. 鋁

7. 鋅
8. 鐵
9. 銅
10. 銀
11. 金

要記住按正確順序排列出來的十一種「金屬」實在不容易，對吧？就算你一再唸誦、大聲複述也很難記得住。所以，你需要某種訣竅。

艾爾的訣竅是想像科學實驗室裡一位穿著運動服的孩子，迫不及待想去運動。外面太陽閃亮亮的。他抬頭看著手裡拿試管的老師，說道：「拜託，老師，讓我們取消數學和科學課。改成板球、游泳和高爾夫（"Please, sir, let's cancel math and zience. Instead, cricket, swimming, golf！"）

每個英文字的第一個字母正是每種金屬的首字母，這就是一種記憶法。艾爾的記憶法讓他得以在考試開始時儘快寫出這個金屬活性序，然後利用它來解決化學問題。他不得不把將"science"（「科學」）改拼寫成"zience"，但這麼做對他有用！

記憶宮殿

尼爾森在記憶力比賽中不但創造出古怪的意象，而且為了贏得比賽，他還得記住一大堆不同的奇怪事物，數以百計，然後用合適的順序加以安排。因此，他運用「記憶宮殿」技巧，以某個熟悉的地方作為記憶的工具。這項技巧至今已經流傳了兩千五百年之久，連著名的羅馬作家西塞羅（Cicero）都利用它來回想演說的內容。研究顯示，運用這項技巧能夠改變你大腦的運作方式，讓你擁有更好的記憶力。[3]

想像某個你很熟悉的地方，例如你的家。接下來想像這些要記的東西被放進家裡的各個地方。切記，要以令人驚嚇或呆蠢的方式來想像每件東西，為它們加上一些動作。然後想像自己在家裡到處走動，並且遇見它們，甚至和它們說說話。比方說，你要記住以下物品：牛奶、一條麵包（a loaf of bread）和蛋。

想像你遇見長著笑臉的巨大牛奶瓶，當你從前門走過，它的微笑變得更大了。

「你好，牛奶先生。你今天看起來特別巨大。」你說。

接下來在客廳裡，想像一條麵包正懶懶地賴（“loafing”）在沙發上。

「麵包女士，你真是惹人厭（pain）。除了躺在那裡發懶，你就沒別的事好做了嗎？

（Pain在法語中是「麵包」的意思，加倍的印象！）

穿過客廳進入廚房。當你打開門，一盒雞蛋從門頂瞬間砸到你的頭上。你哥哥臉上掛著嘲笑，這是他設下的陷阱。好吧，我讓你決定要對他說什麼。

懂了嗎？你創造的意象越生動、越無節制越好！你可以利用一座記憶宮殿來處理a字母開頭的西班牙單字，用另一座處理b字母開頭的西班牙單字，以此類推。你還可以再利用一座記憶宮殿，以一些關鍵字為基礎，讓你記住不久後即將發表的演說。你能藉由記憶宮殿記住一長串的數字，或者在牌戲中已經出現過的牌。

你能打造無限的記憶宮殿，你可以用你的城市或國家地圖、學校的布局、某條你最愛的散步路線，或者電玩遊戲裡你最喜歡的地方來當作背景。記憶宮殿技巧是所有增進記憶的技巧中最棒的一種。記憶宮殿的另一項優點是，如果你覺得無聊，例如在等老師開始上課之前，你可以重訪記憶宮殿的某部分，強

你的房屋布局可以像一本心智記事本。

化這些部分的記憶。記得，盡量從不同的方向造訪你的宮殿，甚至逆向重訪清單！

記憶宮殿為什麼有效？

這項古老的技巧之所以有效，是因為大腦比較記得住地點和方向，那全都是你長期記憶中的「圖象」部分，科學家稱之為「視覺空間記憶」。這非常令人驚訝！有些人在發揮這些力量時，需要比別人多一點練習，但的確每個人都具備這樣的能力。

比起要去記憶隨機的事實，我們的大腦更擅長記憶地點和方向。想想遠古石器時代的人，他需要記住如何到處走動去找東西吃，比替岩石命名來得重要得多了吧。「那種石頭稱作石英？誰在乎？我只管知道我的洞穴在哪兒就好！」

你上一次記不住前往學校的路，或者客廳位於你家的什麼地方，是什麼時候的事？我想那應該是很難忘記的資訊。當你設法記住隨機的東西，你需要將它們與你熟悉的事物作個連結，例如你家附近的道路，會使你更容易回想起來。此外，如同尼爾森所言，當你將隨機事項放進記憶宮殿之後，你還得保持專注。要這麼做一開始有點困難，但很快就會習慣。

更多記憶策略

要讓不同的資訊更容易被記住，還有其他的方法：

- 為你想記住的資訊**編一首歌曲**。也許已經有別人替你做這件事了，舉例來說，如果你在Google 搜尋「金屬活性序歌曲」（"reactivity series song"），你會看見許多相關歌曲（但考試時可不要大聲唱出來！）
- 為你設法記住的資訊設想一個比喻。你知道我們都喜歡用比喻。想想你要記住的物體或概念，與你已經知道的事物之間有哪些相似之處。你可以畫出來，例如下頁的圖，就顯示出苯的化學鍵有如好幾隻手和尾巴相握的猴子。
- **好好做筆記**。把正在學的東西用手寫下來（而非打字），做筆記有助於牢記資訊。
- **想像自己就是那些需要記住或瞭解的物體或概念**。想像你是一顆星星或一座大陸、冰河、或在陽光下生長的樹木，你會有什麼感覺？這作法聽起來可能有點傻，但真的有效！你不妨發揮一段以螞蟻生命週期或你正在學的東西為主題的創意寫作。
- 有些人發現**將數字與熟知的形狀或人物聯想在一起**，會使得數字變得友善和鮮活。例如數字「2」的形狀像天鵝，而「5」彎曲的樣子像一條蛇，「52」是一條對著天鵝發出嘶嘶聲的蛇。想像每個數字都擁有自己的個性，就可能創造出可以幫助記憶的故事。

- **將資訊教授給他人**。請你的爸媽或朋友坐下來，聽你解說什麼是「長期記憶」和「工作記憶」。一開始可以偷看筆記，然後要試著放下筆記，靠印象來解說。「練習回想」是將資訊放進腦中最好的辦法。而解說給別人聽，則是練習回想最好的方式。
- 別忘記**睡眠**有多麼重要，它能固化你正在學習的新概念！

在這一章中，我們有不少建議需要你發揮創意。有些人可能會說：「我不是個有創意的人！」也許當下沒有。不過就像所有的任務，透

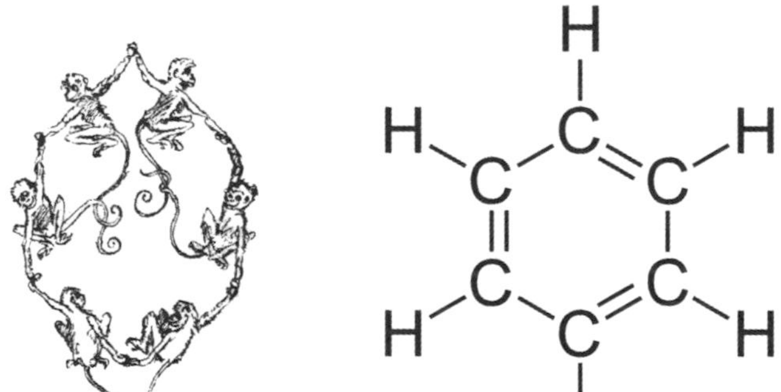

苯的化學鍵有如手和尾巴相握的猴子。

過練習，就會越來越進步。青少年總是充滿創意的，有時他們會忘記該怎麼做，但他們總是能再度啟動源源不絕的創意！

學習秘訣

橡皮鴨子法

對著某個對象解說你正在設法學習的東西，是一種絕佳的學習方法。舉例來說，那隻擺在你桌上當裝飾品的橡皮鴨子，就是一個稱職的傾聽者。對著它或你選定的物品解說你所學到的東西，可以幫助你瞭解困難而複雜的概念。「橡皮鴨子」技巧非常有效，因此也受到許多電腦程式設計師的青睞。他們會逐行對橡皮鴨子解說編碼預計達成的功能，這讓他們能夠發現編碼中的問題。4

打包記憶

現在你已經明白讓尼爾森變身為記憶力冠軍的一些技巧。那麼，尼爾森最後是否贏得了全美記憶力冠軍？是的，他非但贏了，還第四度稱霸！尼爾森說：「我的對手的確比我記得更快、更厲害，但到了最後的比賽項目（默背兩副牌），我穩紮穩打，確保完全記住了一百零四張牌。我毫無失誤，最後贏了。」[5]

在本章中，我們學到一些有用的技巧，可以將資訊搬進長期記憶中。但你要如何真正成為某件事的專家？下一章，我的小女兒會讓你見識到成為專家的心路歷程。或者未必，可能你只會發現她對開車有些不靈光。

換你試試看

我的記憶清單

尼爾森·德利建議了五個記憶秘訣，你能否創造出一座記憶宮殿，將尼爾森的秘訣儲存在長期記憶中？回想尼爾森的清單，然後闔上書本，看看能不能想出來。

總結

◆資訊以兩種方式儲存在記憶中：**事實和圖象**。圖象比事實更加容易記憶。

◆尼爾森·德利的五個記憶秘訣是：

1. **專注**於你設法要記住的東西。
2. **練習**記憶。
3. 將你想記住的東西**轉變成一種圖象**。
4. 藉由與你已經知道的事物作連結，來儲存圖象。
5. 利用**積極回想的技巧**，牢牢記住概念。

◆**記憶宮殿法非常有用**，因為利用了人類對視覺空間記憶的驚人力量。練習運用記憶力，事情就會變得越來越容易。

◆幫助你記住東西的另外五種方法是：

1. 編成一首**歌曲**。
2. 創造**比喻**。
3. **做筆記**，最好用手寫。

4. **想像**自己是你設法要瞭解和記憶的事物。

5. **跟別人分享你的想法**。將它們教給別人。

小測驗練習

1. 即使你的記憶力一向不太好，有沒有可能培養出好的記憶力？如果是，為什麼？
2. 說明「記憶宮殿」這項技巧。
3. 在長期記憶中儲存資訊的方式有兩種，說明其間的差異。
4. 將事實轉換成圖象，會更容易記住。舉例說明你如何讓圖象被記得更牢固。

（完成後，比對你的答案和書末的解答。）

已經完成圖畫散步、回答了章末的問題，並且準備好下一章的筆記本？❑

9 腦連結（如何避免倒車進水溝）

照片中是我的女兒瑞秋。注意看她一臉茫然的樣子，她正在學倒車。倒車有點難，至少在一開始如此。你是否該看看後照鏡，或者轉頭朝後面看，又或者應該死盯著前方？有太多事情要考慮。如果要轉向正確的方向，就要將方向盤往反方向打。

我為什麼要說這些？因為在這一章，我們要讓你知道建構強固的腦連結，遠比你以為的更加重要。[1] 因為腦連結能夠幫你迅速處理複雜的資訊。

我們想知道瑞秋和車子的情況！

這是我的小女兒瑞秋第一次學習倒車時的模樣：她感到非常困惑！

提醒你，腦連結組是由樹突棘—突觸與軸突的連結所構成。當你學到某個概念或想法，腦連結組便形成於你的長期「置物櫃」記憶中，強固的腦連結組會讓你的注意力章魚容易攫取和連結到你的工作記憶。

當你第一次嘗試理解某件事，你的工作記憶是忙碌的。注意力章魚的四隻手臂全都忙著耍弄資訊，設法拼湊出概念，好讓這些概念互相連結，而且顯得有意義。

你的工作記憶正在設法創造出新的腦連結組。

創造腦連結組的工作分幾個階段進行。首先，你的工作記憶必須理解某個新概念。接下來你要練習運用這個概念，不久這就會變成一件自然而然的事，因為你已經創造出腦連結組。你在長期記憶中創造出妥善連結的新模式。你的樹突棘和突觸已經連結起來，友善的神經元與另一個神經元取得連繫。

你的注意力章魚很容易和腦連結組形成緊密的連結。[2]為此，章魚從你的書包伸出一隻手臂。這隻手臂穿過你的心智玄關，一路抵達長期記憶置物櫃。在那裡，它發出電擊給它需要的腦連結組。嗖嗖！連結形成。突然間，章魚將腦連結組接通到大腦的前額葉皮質，那是你的工作記憶所在。現在你的章魚已經提供了一條管道，抵達儲存在你的置物櫃裡的資訊，並且將它放進書包，因此你可以使用這項資訊了。輕而易舉！

由於資訊完美地連結，你的章魚能「拉住」一條塞滿資訊的腦連結，而且光用一隻手臂就能辦到。其他三隻工作記憶手臂則是閒置的，你可以用這三條手臂進行思考或做其他的事。舉例來說，你可以利用這三條手臂抓取其他的腦連結組，以同樣的方式連結複雜的概念或行動。

你的章魚只能拉住四個腦連結組，但這些腦連結組能與其他腦連結組互相銜接，所以牠可以拉住八個、十個或五十個腦連結組！這是為什麼專家能夠處理大量資訊和回答複雜的問題，即便他們只有四個工作記憶插槽。

精通歷史、舞蹈、下棋、開飛機、數學或科學等各行各業的專家，他們有

對於你的注意力章魚來說，要攫取強固的腦連結組是件容易的事。
你的注意力章魚能輕易拉出藉由大量練習而建立起來的腦連結組。

如果沒有腦連結組協助處理工作，你的工作記憶（章魚）就必須拼命工作。

當你擁有腦連結組，可以將它放在長期記憶置物櫃，這樣章魚就能放輕鬆，做點別的事。

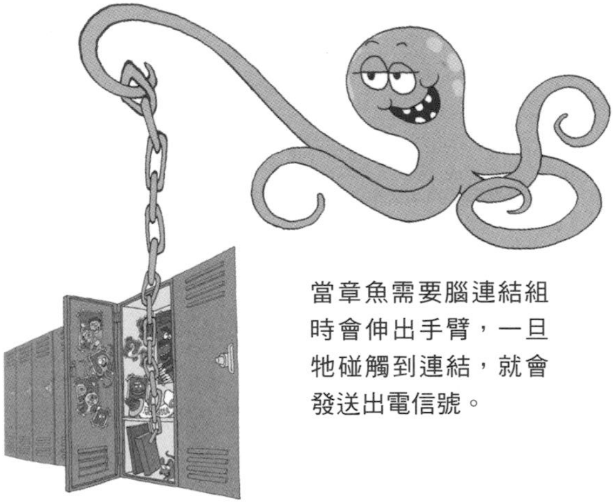

當章魚需要腦連結組時會伸出手臂，一旦牠碰觸到連結，就會發送出電信號。

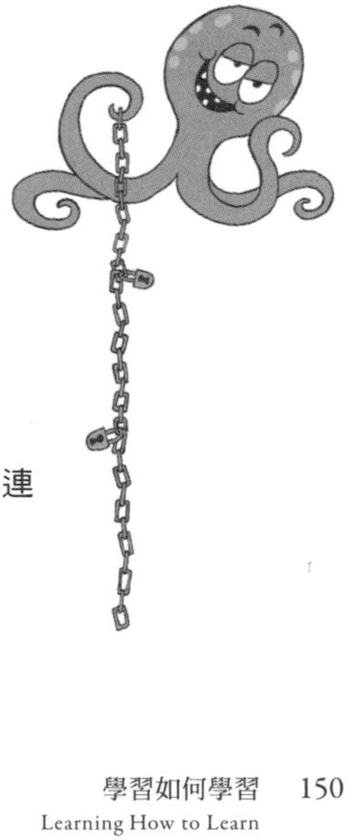

透過練習，你可以銜接各種連結，形成更長的腦連結組。

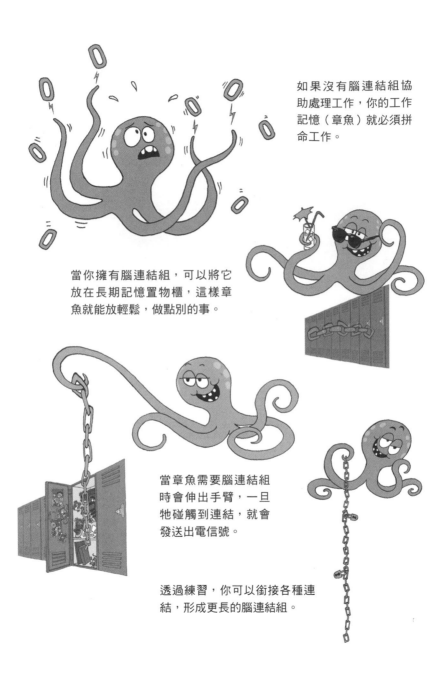

個共通之處：他們都擁有大量堅固的腦連結組，這些腦連結組無論長短，都牢牢地靠在一起，而且能輕易地與其他連結組相銜接。專家們的章魚手臂就能立即拉出大量互相連結的資訊！

但光是理解了某個概念，是無法產生腦連結組的。你必須去練習這個新學到的概念，才能創造出腦連結組。瞭解與練習要相互搭配，練習的次數越多，就越瞭解你所學的東西。[3]

我在此要說明，儘管理解是重要的，但是有種情況叫作「過度強調理解」。[4] 西洋棋大師、急診室醫師、戰鬥機飛行員及許多專家時常關閉他們有意識的思考，轉而仰賴他們充分發展的腦連結圖書館。[5] 某種

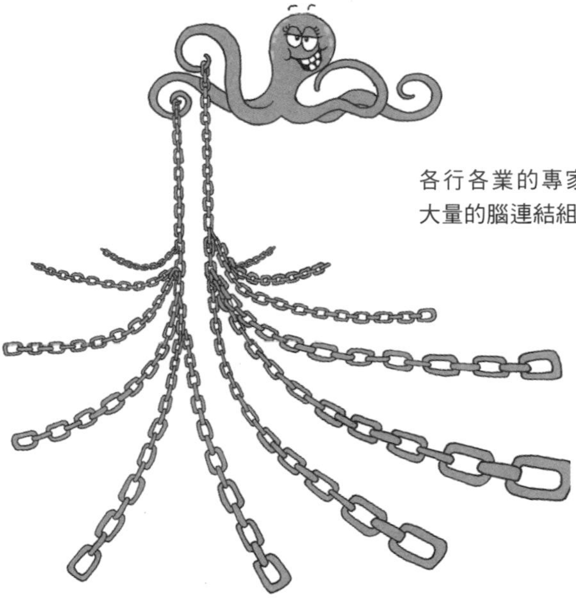

各行各業的專家都擁有大量的腦連結組。

程度上，有自我意識的「理解」你為什麼做這件事，只會讓你的速度變慢，並且打斷思考的流暢性，最後做出較壞的決定，或是解決問題時遇上更多的困難。

在尚未形成牢固的連結之前，嘗試從不同觀點去理解某個概念，可能會讓你覺得更加困惑。這種情況尤其發生在像數學這樣的領域。利用 Smartick 和 Kumon 等程式做些額外的數學練習，有助於建立更強固的腦連結組，以深入的方式加強理解。這類程式經過精心設計，讓你在進階之前逐步熟練每一小部分的知識，這種方式稱作「精熟學習」（"mastery learning"）。6

回到我女兒瑞秋的故事。在本章一開始，學習如何倒車讓瑞秋緊張得要命！她以為她絕對學不會。但是她不斷練習，每次犯錯都獲得大量的回饋，終於創造出完美的「倒車」腦連結組。她的心智路徑既深且廣，藉由在不同地方投入大量的時間練習而形成連結。現在她已經可以輕鬆地倒車，而她的「倒車」腦連結連同其他的開車連結，使她成為一個開車高手。

當瑞秋第一次學倒車時，她得專心謹慎。她的注意力章魚拼命工作，用光了所有的手臂，試圖處理不同的步驟。牠沒有剩餘的注意力手臂可以抓住其他資訊。可是現在她已經創造出一組連結，她剛想到：「我要倒車。」她的注意力章魚便伸出手臂，進入她的長期記憶置物櫃，在抓住「倒車」腦連結時發出滋滋的微弱電擊。原本辛苦的工作現在變得輕鬆無比！

瑞秋的精熟程度，讓她在倒車時可以從工作記憶中騰出三隻章魚手臂做其他的事，例如聽音樂或確認扣好安全帶。現在瑞秋十分擅長倒車，因此大多時候她在倒車時，幾乎處於殭屍模式。只要沒有不尋常的事發生……

瑞秋現在可以輕輕鬆鬆倒車。
看她的樣子多麼快樂！

資訊超載

如果有人在她倒車時想搶佔她的停車位怎麼辦？這時她必須馬上跳脫殭屍模式，以新的方式思考。她必須讓所有的章魚手臂都派上用場，她必須思考別的事，否則無法掌控一切，而且可能還會撞車！

如果你的工作記憶有太多東西要處理，你就會陷入困惑，很難將它們弄明白。（心理學家談到「認知負荷」。[7]認知負荷是用於工作記憶中的心智力分量。如果工作記憶裡已經有許多事情在進行，那麼就比較難加入更多的東西。）如果你在學習某個新事物，那麼你的工作記憶一次只能掌握一定的分量，這正是為什麼創造充分練習的強大腦連結組如此重要的原因。

記憶的構成（除非你分心！）

所以，你的注意力章魚有兩項特殊的怪癖。牠只有在你專心時才會醒來，並且開始工作。另外，牠的手臂數量有限。

分心讓你的章魚很難辦事，就像把牠的一隻手臂掛在吊帶上。比方說，背景中有電視時，電視的聲音會佔據你的部分注意力，用掉章魚的一隻手臂，即使你以為你沒有在聽。如果你分心了，你的工作記憶就無法好好執行任務。[8] 你的章魚用來抓東西的手臂會變少。（想像一下，試著用一隻手剝橘子會怎樣。）

再者，轉移了注意力，會讓你的章魚變得疲勞。牠必須放開舊資訊，並且抓住新資訊。好比你正在寫功課，你的朋友突然走進來聊起午餐的事，那麼你的章魚就得放開部分的功課腦連結，才能抓住你朋友正在說的話。你朋友離開後，牠必須將一切再搬回來，哇！這真的很累。所以當你專注於學習時，要避免「任務切換」和中斷。

想一想，如果你運氣夠好（或者不夠好）擁有一支智慧型手機，你是否會在跟朋友或家人共處時，不停盯著手機看？一旦你將注意力轉移到手機，你就不再關注那些和你在一起的人了。你得花時間重新回到談話中，我敢說你有時會意識到這件事。

學東西也是這樣。如果你正在做困難的習題，半途停下來看一看手機，同樣會打斷所有的腦連結。當你回到習題上，你得重新掌握它，這會讓可憐的注意力章魚大感吃不消。

熟練帶來樂趣

當你第一次學習新的東西，在開始創造腦連結之前，往往會覺得困難而且無趣。

如果你在學習時分心，就好像奪走注意力章魚的一隻手臂。

每當你切換注意力，你的注意力章魚就必須在不同連結組中迅速揮動手臂。這樣很累！

就拿學騎單車這件事來說好了，起初光是要保持直立就很困難，你的腳會落地，有時還受傷。一旦能夠直立騎車，接下來就得學著不要太用力煞車，以及如何轉彎才不會跌倒。但等你通過困難的學習階段，就可以輕鬆跳上車，說騎就騎，你變成了不起的專家！這個過程帶給我們重要的啟示：有時你不喜歡某些事，是因為你還沒精通它們，還處於「如何使單車保持平衡」的初期階段，所以一切才顯得困難。

因此，開始去做就對了！踏出第一步往往最難。好好享受學習的過程，並且期待成果的到來。9

重點觀念

讓我們來復習這一章的關鍵概念。創造腦連結組能幫助你思考複雜的概念，你可以輕鬆拉出大量互相連接的資訊。如果沒有腦連結組，你的腦袋可能手忙腳亂不知所措，就像瑞秋第一次學倒車那樣。

在還沒連結上資料時，你可能覺得困惑，彷彿抓不住它。當然這是假象，你只是需要開始建立起腦連結組。透過練習，短小的腦連結會變得形狀更長，你的章魚可以直接拉起它們，輕鬆工作。學習新事物的最初階段往往最為困難，一旦形成腦連結組圖書館，你就能順利邁向專家之路。

下一章我會告訴你更多泰瑞·索諾斯基的事。他是個神經科學專家，不過他可不是一開始就這麼厲害！

剛開始學新的東西時，尚未形成腦連結。你的注意力章魚必須用上所有的手臂，努力工作！

停下來回想

這一章的主旨是什麼？你能不能透過意象（如章魚），想像這一章中談到的觀念？先把書本闔上，移開視線，試著把想到的寫出來。

完成後在方框中打勾：❑

換你試試看

沒有手機的生活

如果你有一台智慧型手機，下回當你在家做功課時，記得把它放在別處，並且確保它一直離你遠遠的，直到你完成番茄鐘工作法為止。否則當作業有點難，你可能會忍不住想偷瞄手機，而那樣只會讓你更難進入狀況！

總結

- 腦連結組是你**透過練習而建立的**長期「置物櫃」記憶中，相互連結的神經元通道。**腦連結組協助你的工作記憶迅速處理資訊**。你的注意力章魚很容易抓取這類腦連結。
- 如果得不停從某個腦連結組切換到另一個全然不同的腦連結組，你的章魚會很疲勞。**所以要設法避免分心和任務切換**。

- 如果沒有腦連結組，將太多東西一股腦兒塞進心智書包，我們會變得茫然不解。**我們的認知負荷有它的限度**，工作記憶一次所能處理的分量也有極限。
- **學習新事物的最初階段，通常是最困難的**。你必須有耐心而且持續努力，等到腦連結組開始形成，而你明白該怎麼做時，樂趣便隨之而來了。

小測驗練習

1. 為什麼腦連結很重要？
2. 說明注意力章魚的功用。
3. 綁鞋帶是說明「已連結」概念的好例子。第一次學著綁鞋帶，你必須十分專注。但現在你已經可以一邊和人說話、看電視或唱歌，一邊不費力地把鞋帶綁好。舉出你已經連結上的活動或概念。
4. 如果你開著電視做事，注意力章魚會發生什麼事？
5. 為什麼應該避免「任務切換」？

6. 當你做功課時，應該怎麼處置你的手機？為什麼？

7. 只要理解某個概念，就會形成腦連結組嗎？

8. 要怎麼成為一個厲害的專家？

9. 假設你在一棟著火的房子中等待救援，你會選擇只見過這種場面的消防員，還是實際練習過救人程序的消防員？為什麼？

（完成後，比對你的答案和書末的解答。）

已經完成圖畫散步、並且準備好下一章的筆記本？❑

10 社群共學，發掘你的使命

嗨，我是泰瑞·索諾斯基。很高興認識大家！

我的成長背景與芭芭拉和艾爾不太一樣。我從小就是個「科學咖」，但我跟語文科合不來！我的地下室有個化學實驗室，我喜歡製造炫目的閃光、爆炸和煙霧。七歲的時候，我搞了一座紙糊的火山，結果啟動了煙霧報警器，害得全校師生必須緊急疏散，那一次我差點把學校給燒了！

「闖禍精」泰瑞

我覺得高中的科學課很無聊，因為我的程度超前，那對我來說太簡單了。我上課時不停舉手發問，結果老師說我擾亂上課秩序，大家都叫我「闖禍精」。（請注意，覺得上課很無聊，可不一定是功課對你而言太容易，也有可能只因為你的好奇心不足！）

還好，無線電社團拯救了我。這個社團的成員是一群科學愛好者，我們經常在放學後碰面，想方設法要打造出一座超酷的無線電設備。我們練習用摩斯電碼發送信號，甚至用自己做的天線，將無線電信號傳送到月球。我終於可以問我想問的任何問題了！

在學校要擁有豐富又愉快的學習經驗，最好的辦法之一就是加入學校的社群團體，從事你喜歡的活動。（如果你是在家自學，

在克里夫蘭聖約瑟高中（St. Joseph High School）的無線電社團，我們正準備從房間傳送出無線電信號。

社團成員和我正在調整學校屋頂上的無線電天線。（我是左邊那個。）

也可以找管道加入當地或與學校有關的社群團體。）如果你的學校沒有社團，你可以自己成立社團（例如「學習如何學習社團」！）找到志同道合的朋友一起做感興趣的事，是彼此培養友誼和發展創造力的絕佳方式。

你的使命是什麼？

有一天，無線電社團的指導老師問我：「你的使命是什麼？」

我不知道，但這個問題讓我開始思考關於未來的事。我需要長大，並且在人生中找到某件有意義的事情來做。我對重力和大腦最感興趣，我想知道重力是如何行進的？為什麼我的大腦在學某些事物時十分敏捷（如物理學），但碰上其他東西（如語文），反應就不那麼快了？但願當時我知道我現在所理解的大腦知識，而且熟知學習的「眉角」，那麼我就能把語文這門課學得更好，就像芭芭拉和艾爾那樣。我曾經去上德語課，不過直到後來我交了一個德國女友，才學到稍微應付得過去的德語。或許我讀高中時的學習態度，只是不夠積極。

我在普林斯頓大學的收穫

很幸運，我的科學生涯進展順利。我得到知名教授卡爾·安德森（Carl Anderson）的指導，獲益良多。如同前文提到的那位聖地牙哥，安德森也曾經獲頒諾貝爾獎（他發現了正電子）。安德森教授問我，我想從事理論研究或是實驗工作？我反問：「為什麼我不能兩個都要？」他認為那也不無可能，還舉了加州理工學院某人成功的例子，後來我認識了這個人。

從你尊敬的人那裡獲得寶貴的建議，會對你的人生產生重大影響。

我在普林斯頓大學研究所唸物理學，* 就學期間往往因為接觸到許多關於黑洞和重力的知識而興奮不已。我有幸遇見很棒的老師和聰明的朋友，**和別人一起合作解決難題，對我有很大的幫助**。所以，我也建議你們去找到能讓你發光發亮的人，**跟那些腦袋裡不乏好點子的人交往，也可以激發出自己的好點子喔！**

---

* 研究所是進階的大學課程。通常唸完大學頭三年至五年的課程，你就可以取得「學士」學位。接下來，有些人會繼續讀研究所，從事更高深的研究。

當時我面臨學習生涯的轉捩點，我對物理學和重力知識的渴求已經差不多滿足了，但對於大腦是怎麼運作的，我仍然所知不多。紐約洋基隊的哲學家捕手尤吉·貝拉（Yogi Berra）說過一句很有智慧的話：「當你來到分岔點，就選條岔路走吧。」於是我走上生物學的道路。

一頭栽進腦科學

人類的大腦有如外太空一樣複雜又神秘。就像芭芭拉和艾爾，關於生物學，我也得從基礎學起。起初的確很辛苦，因為在這個專業領域，別人已經比我知道了更多事情。但是我卻發現，我在物理學方面

我當時正在念普林斯頓大學。黑洞、腦科學和其他科學領域爭相吸引我的興趣，最後，我選擇了專攻腦科學。

的訓練，讓我可以用別人辨不到的方式來思考生物學的知識。不同學科之間以我完全想不到的方式互相連結，真是令人驚訝！

我曾經在書中讀過有關大腦神經元的事。然而，直到我在麻州伍茲霍爾（Woods Hole）的夏季課程中透過顯微鏡觀察，神經元對我而言才變成一種真實的存在。我學到重要的一課：當你將學到的東西拿來應用，你的學習就會變得有活力。要積極地透過各種方法去學習，不能只是光靠閱讀。我記錄了不同類型的神經元所發出的電信號，那些我在高中無線電社團學到的無線電信號原理確實幫了大忙。（你永遠說不準你的知識什麼時候會派上用場。）

人造腦

我以物理學和生物學的知識作為基礎，去比較人腦與電腦的差異。在某些方面，兩者很類似，但在許多方面卻極為不同。電腦運算的速度快到令人難以置信，它們以閃電般的速度，處理一件接一件的任務。

但是人腦不同，它們運作的速度可就慢多了，但卻能同時處理許多微小的事情。

人腦就像一個由無數個微型電腦所組成的團隊，每個神經元都是一部微「電腦」。如同你從前面各章中學到的，每個神經元——電腦都透過突觸與其他的微電腦互相串連，這種合作方式讓人腦能做到電腦極難辨到的事，例如看和聽。

關於大腦的各種奧妙，我們永遠知道得不夠多。我跟同事花了許多時間思考大腦運作的方式，從而發現製作「人造腦」的方法。「人造腦」中含有電子零件，但不是你以為的那種。這種電腦能像人腦一樣學習，就像你必須去上學補充知識那樣。它們具備新型態的人工智能，永遠不會感到疲勞或無聊。我想在不久後的將來，你將聽到更多關於人工智能的事，科幻小說的世界即將成真！

我目前在加州拉霍亞（La Jolla）沙克研究所（Salk Institute）工作。沙克研究所是研究神經學和醫學的世界頂尖機構。

過去三十年來，神經科學家獲得驚人的進展。以往我們幾乎不知道大腦是怎麼運作的，而現在我們已經瞭解不少，包括大腦是如何學習的。好比說，我們已經證明運動和睡眠對強化記憶有重要的影響。我也讓運動成為我日常生活的重要部分，因為運動可以幫助我更有效地思考和學習。

下一章，你會學到更多有關運動的知識。祝你在學習的過程中充滿樂趣！

停下來回想

這一章的主旨是什麼？如果你在理解一個新觀念時，將這個觀念與自己的生活和職業聯想在一起，你會發現要掌握它的內涵，變得更加容易了。回想時記得闔上書本，移開視線。

完成後在方框中打勾：❏

總結

- **在學校裡找到真正讓你感興趣的事。**參加社團是個好辦法。
- **別怕開口要求。**如果你的學校沒有讓你感興趣的活動，要求他們安排。或者，你也可以自己成立一個社團。
- **和別人合作。**跟有創造力的人交往，能啟發你產生自己的點子。
- **盡可能讓學習變得積極、有動力。**實踐從書裡學到的知識，也嘗試去閱讀、蒐羅相關的資料來幫助理解。
- **為你的大腦拍拍手！**你可以想像有無數個微電腦一起為你工作。
- **某個領域的學習經驗，可能在別的領域中提供你更多的想法。**不同科目之間彼此有關連，就像物理學的知識能在生物學上發揮用處，甚至在藝術、運動或交友方面也很有用！

已經完成圖畫散步、回答了章末的問題，並且準備好下一章的筆記本了嗎？❑

11 鍛練大腦

二〇一五年，尤里烏斯．葉戈（Julius Yego）成為世界田徑錦標賽的標槍冠軍，他擲出九十二點七二公尺的驚人距離。他投擲得非常用力，還因此跌了一大跤，但他倒地後立刻躍起身體，接受全場的歡呼。

尤里烏斯的故事很特別。他成長於肯亞的貧窮地區，那是個稱作「東非大裂谷」的地方。當他開始對標槍感興趣，他得用樹枝來製作出一把矛。在肯亞，最受歡迎的運動是跑步，那裡沒有合用的標槍。此外，全肯亞沒有半個標槍教練，而且尤里烏斯甚至沒有一雙適合的鞋。但尤里烏斯下定決心努力練習，他的成績逐年進步，直到成為世界冠軍。一個缺乏教練、也幾乎沒有後援的人，要如何擊敗其他國家花費鉅資培養的運動員？你很快就會知道答案。

當然，尤里烏斯之所以成功，部分要歸功於大量練習。這正是本章要討論的主題。運動和學習有什麼關聯？事實證明，兩者有極大的相關性，而且不光只是跟學習投擲標槍有關。

運動鍛練你的腦！

大腦的某個部位對記憶事實和事件特別重要。該部位稱作海馬迴。你可以在下頁的圖片中看見海馬迴的模樣。

說起來很有趣，當你在睡覺時，你學到的資訊會從海馬迴的神經元轉移到大腦皮層（腦的外層）的神經元；大腦皮層是長期記憶（置物櫃）的所在之處。**因此睡眠不僅有助於**

尤里烏斯・葉戈成為世界標槍冠軍。他以十分奇特的方式學會投擲標槍。

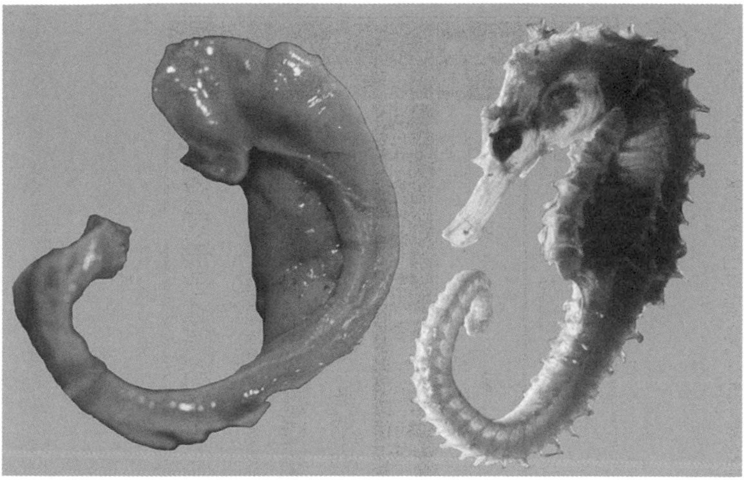

海馬迴（左）的希臘語是 Hippocampus，意思是「海馬」。
你看出相似處了嗎？

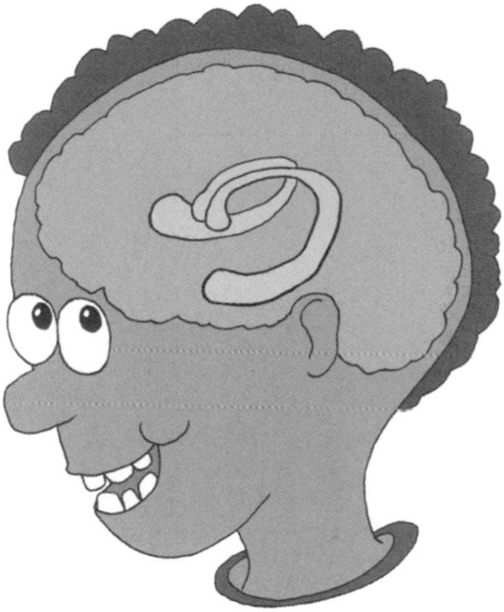

將上圖的海馬迴上下顛倒，可以看出它位於腦中的樣子。嚴格來說，大腦有兩個海馬迴，一個在左、一個在右。

建立新的突觸連結，還可以清空海馬迴，以便騰出空間容納新的學習。

有些不幸的人因為海馬迴損傷而罹患了失憶症，他們幾分鐘之後便記不住發生在他們身上的事情，但是他們仍然記得沒有受傷之前學會的東西。也就是說，他們仍擁有先前藉由睡眠鞏固於大腦皮層的記憶。

這意味著，一說到記憶，海馬迴是最關鍵的因素。新的神經元每天都在海馬迴裡產生，它就像一支高中的籃球隊，每年有新球員報到，也有舊球員離開。新球員通常忙著學習新的把戲。如果你不學習新東西，海馬迴的新神經元在生成不久之後便會消失。(同樣的，新籃球員往往會從隊上消失，如果他們不想費心鍛練更新更強的球技。)然而，如果你不斷產生新的學習經驗，新的神經元就會繼續存在，讓你記住東西。海馬迴舊神經元和新神經元的新突觸都能形成新的腦連結組。當你在睡覺時，海馬迴裡這些新的腦連結會讓大腦皮層長期記憶中的腦連結更加牢固。*

二十多年前，這本書的作者泰瑞完成了一項關於新神經元的驚人發現 1：運動有助於新神經元的生長。

---

*嚴格說起來，資訊從海馬迴移至大腦皮層的牢固過程稱作「記憶固化」（"memory consolidation"）。

在運動時，你的大腦會製造出一種稱作BDNF的化學物質，[2] 那是"Brains Definitely Need Food!"（大腦肯定需要食物！）的簡稱。哈哈，這是本書作者艾爾瞎掰出來的啦。"BDNF"其實是"brain-derived neurotrophic factor"（「腦源性神經營養因子」）的縮寫，但那樣說感覺不太酷。

腦源性神經營養因子會使你的新神經元變得強健，[3] 保護它們免於損傷，以及更容易和其他的神經元串連。它也像是突觸和樹突棘的食物，可以讓它們長得更大。你可以看見下半部的圖中，樹突棘長得比較大。就像肥料促進植物生長，腦源性神經營養因子可以幫助神經元生長，而運動可以產生額外的腦源性神經營養因子。

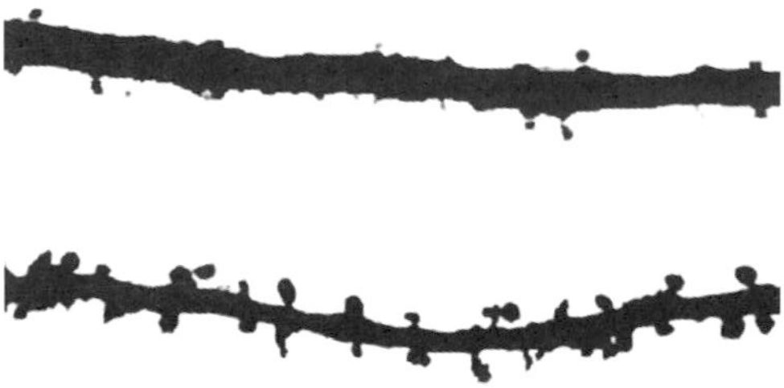

上圖是海馬迴裡沒有接觸腦源性神經營養因子的樹狀突。請注意，它幾乎沒有樹突棘（腳趾）。下圖顯示施用腦源性神經營養因子之後的情況。哇！樹突棘長高又長壯了！這些樹突棘讓透過突觸與其他神經元的串連變得容易。如果你定期運動，你的神經元看起來會比較像下圖，能夠和其他許多神經元連結和聊天！

食物也可以餵養你的腦！

你或許納悶，你吃下的東西是否會影響你的學習效果？答案是肯定的！事實上，如果你常常運動加上健康飲食，你的學習和記憶能力都會產生重大的改變，這樣的改變，比起光靠運動或光靠健康飲食都來得明顯。[4]

那麼，怎樣才算吃得健康？研究顯示，在飲食中添加水果和蔬菜是不錯的方式，同時請試著讓飲食多樣化。大蒜和韭菜在內的洋蔥一族，富含有助於預防從糖尿病到癌症等各種疾病的化學物質。另外像花椰菜、球花甘藍、球芽甘藍和小蘿蔔等捲心菜一族也是。各種顏色的水果也很有營養，例如柳橙、梨子、藍莓、櫻桃和覆盆子等。黑巧克力和蔬菜一樣，含有對你有益的化學物質。（不過要選擇低糖巧克力，並且避免在晚上吃巧克力，因為那可能會妨礙你的睡眠。）堅果也是健康滿滿的食物，每天吃一把堅果，能讓你的飲食營養健全。

儘量不要選擇在加工過程中已經喪失大部分營養的「假食物」。「假食物」包括薯條、薯片、雞塊及任何含有大量糖份或精白麵粉的食物，如甜甜圈、某些早餐麥片和汽水。甜點不屬於食物。

每個人對於遵循健康飲食有不同的作法，地中海式飲食法是不錯的選擇。你知道，地中海式飲食形成於希臘、義大利和西班牙等地中海周遭的國家，這些地方的食物中就含有大量蔬果、魚、橄欖油和全穀物。

透過多元管道學習

回到尤里烏斯·葉戈的故事。他沒有教練，也沒有國家給他的資源和優勢，例如運動科學家、心理學家和營養學家的幫忙，那他是怎麼不斷進步的呢？以下是尤里烏斯的驚人事蹟：他靠著大量觀看投擲標槍的 YouTube 影片，然後靠自己拼命練習，不斷嘗試，最後終於成為世界冠軍。他在網咖（他可以使用網際網路的地方）一坐就是好幾個小時，研究他的偶像是怎麼做的，接下來跑到非洲山嶺進行大量練習。當然，他後來的確找到一個來自別國的教練來幫他訓練，但有很長一段時間，他的所有訓練都來自網路，所以後來人們稱他為 YouTube 先生！

我為什麼要說這個故事？因為它很有啟發性，也帶出本章的兩個重點：運動和學習。我想讓你知道，你不一定要從書本或老師那裡才能學到東西，你也可以利用網路和其他的管道自學，藉由練習、一再練習和更多練習來獲得回饋。

所以說，尤里烏斯·葉戈一定是個天才運動員，對吧？嗯，也許喔，我並不認識他，但如果他只靠觀摩YouTube影片來學習，他的腦部不會有這麼好的發展。重點是，他除了看影片，而且不斷練習，也就是說，他學了新的東西，然後加以練習！這也是你的目標。

我認為泰瑞確實是個天才。我知道運動是他一天之中極重要的作息，他喜歡在海邊慢跑。對他來說，這是進入發散模式的絕佳方式。他常常在外出慢跑時想出很棒的點子。他之所以運動，是因為他喜歡運動，也因為運動有益於他的大腦。此外，大腦會冒出新的點子，也對於他擔任教授的工作大有助益。

運動是萬用工具

運動還成就了許多神奇的事。運動使得大腦產生某些化學物質，如血清素和多巴胺。[5]這些化學物質讓你能想出新的點子，讓你看出要如何連結舊概念，而形成新的概念，然後你就可以用新的方式進行思考。這些到處奔跑的思維小老鼠，一定會發現森林的新風景。

運動不只對身體的諸多器官有所助益，也對腦部有好處。運動能提升理解、做決定和專注的能力，並且協助記憶和任務的切換。運動還能夠幫助人們從心理疾病中康復，有些精神病學家甚至認為運動比任何藥物更有效。

停下來回想

有時當你移開視線，試著回想某個重要概念，卻感覺腦袋空空如也，一片空白。或者，你發現自己一再讀著相同的段落。一旦出現這種情況，我建議你不妨先起身做些運動，例如仰臥起坐、伏身挺身、開合跳或側手翻都可以。這對於增進你的理解和回想能力有驚人的成效！

現在，在回想本章的概念之前，活動一下身體吧。

完成後在方框中打勾：❑

換你試試看

運動去！

你還在等什麼？你還坐著讀這本書嗎？出去追老鼠吧！跟殭屍角力、呵章魚的癢、搬置物櫃，做任何你喜歡的運動。享受你的發散模式！（但別忘了，待會兒記得回來讀完這本書喔。）

總結

- 你可以從網路、老師和書本中學到新東西。
- 運動有益於神經元的生長，特別是新的神經元。
- 運動可以產生一種類似大腦食物的化學物質（腦源性神經營養因子）。
- 運動會釋放出產生新點子的化學物質。

◆運動是一種很棒的發散活動！

小測驗練習

1. 大腦的哪個部位對記憶尤其重要？（提示：它在希臘語中是「海馬」的意思，看起來也像海馬。）
2. 你的大腦和高中籃球隊有什麼相似之處？
3. 當腦源性神經營養因子被添加至大腦中，______會長得又高又大。
4. 描述運動有益於健康的五種方式。
5. 健全飲食包含哪些要素？

（完成後，比對你的答案和書末的解答。）

已經完成圖畫散步、回答了章末的問題，並且準備好下一章的筆記本？❑

12 形成腦連結
為什麼不要邊看漫畫邊學習

小時候的我有點古靈精怪。爸媽希望我去練鋼琴，我雖然不感興趣，但還是勉勉強強順從他們的要求。鋼琴老師每週教我練一首新的曲子，我也會練練那些已經學會的舊曲子。練習舊曲子比較容易，而且有成就感多了！

爸媽可以聽見我在彈鋼琴的聲音，但很少留意我在彈些什麼。我會花個五分鐘練新的曲子，然後在譜架上放一本漫畫。然後連續二十五分鐘，我都一邊看漫畫，一邊重複彈奏舊的曲子，就這樣完成半小時的鋼琴練習。

我彈鋼琴的能力進步了嗎？或者我只是在欺騙自己？如果爸媽識破我的詭計怎麼辦？

成為專家

我們回頭想想有關腦連結的事。腦連結組是一條充分練習的思維路徑。（記得，我們也可以將它想成森林中一條平坦寬闊的鼠徑。）你的注意力章魚能輕易地伸出手臂，抓取適當的腦連結，也就是說，如果你已經花了時間建立腦連結，牠就能這麼做。大腦中擁有大量與某個主題相關的腦連結，是成為專家的關鍵。*1

看見左頁最上方的拼圖嗎？每當創造出牢固的腦連結組，就好像連結了一部分的拼圖。一旦創造了足夠的連結，拼圖會顯現出局部的畫面。接著，你已經可以看出大概有哪些部件了，就算還有好幾片拼圖沒有填進去，也能看出畫面的全貌。這表示，你已經成了一個專家！

但是，如果你不練習新近發展的腦連結會怎樣？看看左頁最下方的拼圖，這就好

---

* 請記得，擁有大量腦連結與熟記一大堆事實是兩回事。贏得菲爾茲獎（Fields Medal，數學領域的頂尖獎項）的威廉・瑟斯頓（William Thurston）說得貼切：「數學的可壓縮性令人驚奇：你或許奮鬥了很久，一步接一步，用幾種方法解決相同的過程。可是一旦你真正瞭解數學，並具備將之視為一個整體的心眼，往往會產生驚人的心智壓縮。你可以將它歸檔，在需要時迅速且徹底地回想，利用它作為其他心智過程的一個步驟。隨著這種壓縮而來的洞察力，是數學真正帶給人的喜悅之一。」瑟斯頓在談妥善建立的腦連結組的力量。

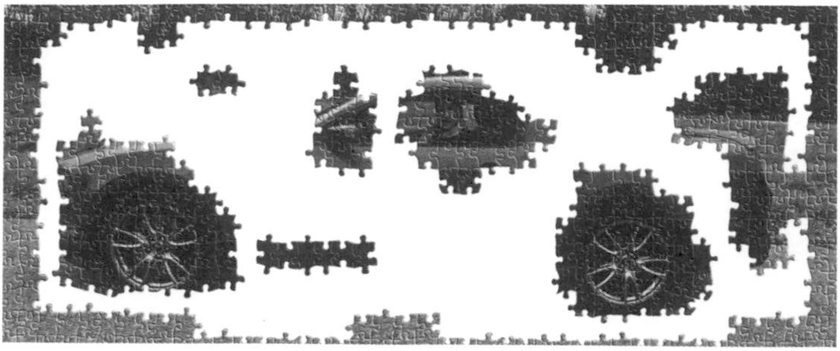

每當你創造出腦連結組，就等於拼出了幾片拼圖。你運用的連結越多，越能看出它們如何與其他的連結互相銜接，創造出更大的連結組。

等你建立起足夠的連結和練習，就能看出拼圖的全貌！你變成了專家。

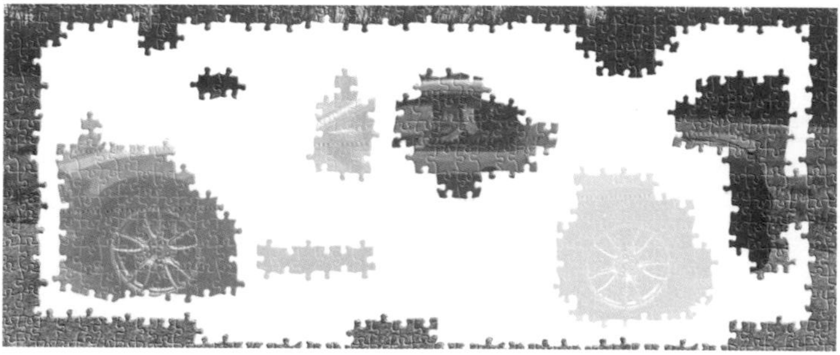

如果不利用這些連結進行練習，它們就會開始褪色，這樣不但很難看出有哪些部件，更難拼湊出全圖。

比要試著拼湊出一幅已經褪了色的拼圖，很不容易。

連結的基本概念

讓我們面對一個關鍵性問題。你要怎麼開始去創造出腦連結組？有兩個概念：一個是練習，一個是彈性。

1. 刻意練習（對比懶惰的學習）

有足夠的練習，就能建立起堅實的腦連結，不過練習方式很重要。如果你有妥善連結的概念，練習會變得容易，而且過程讓你感覺很舒服。但是，這可能演變成一種「懶惰的學習」。這種學習不會在白天促進樹狀突長出新的「突起」，然後在你睡覺時轉化為牢固的神經連結。所以，如果你像我一樣，對學過的東西已經熟練到能一邊看漫畫一邊練習的

程度，那麼就該往前推進了。

加速學習最好的辦法，就是避免懶惰的學習。如果你花了太多時間在早就已經熟悉的內容，你就不會有時間學其他新鮮的東西。專注於比較困難的材料，這種概念稱作「刻意練習」。[2] 刻意練習讓你更快速地成為一個專家，無論你研究的是什麼。[3]

2. 交錯

在學習中培養彈性也很重要。

比方說，你交了一個叫「葉子」的新朋友，他來自奇異的星球，那裡的人都運用先進的科技在生活。你的新朋友從來沒有用過錘子或螺絲起子，所以你想教葉子學會使用錘子和螺絲起子。由於你明白認知負荷的道理，*所以你小心地避免一次就教葉子太多東西。你先教他如何使用錘子，他學會敲進許多釘子。經過幾個小時的練習（葉子是一位笨拙的星際朋友），他總算明白了釘釘子的概念，哈，搞定！

＊請記得，認知負荷是在工作記憶中使用的心智力分量。

接下來，你給葉子一支螺絲釘。出乎你的意料，葉子開始試著用錘子將螺絲釘敲進木板裡。怎麼會這樣？因為當時葉子唯一使用過的工具就是錘子，因此在他看起來，每樣東西都像釘子。葉子運用錯誤的技巧來解決問題，因為他不知道要練習什麼時候應該使用不同的技巧。

因此，不要光顧著練習某種技巧或項目，練習在技巧或項目之間做選擇也是重要的，這個原則適用於學習各種主題。練習每項技能的不同面向和技巧，稱作「交錯」（interleave）。[4]（你只要記得你的星際朋友葉子〔interstellar friend, Leaf〕。inter 加 leaf，交錯，懂了嗎？）

以下幫助你更瞭解「交錯」的概念。當你在課堂上學習某個主題時，比方說「主題七」，老師往往會指派一些與主題七有關的作業。*例如（問題編號指的是老師從教科書裡指派的作業）：

不攙雜的作業

主題七 問題四

---

*教育界人士有時稱非交錯的作業為「閉塞的」作業，因為同一主題全在某個封閉的範圍內思考運用。

主題七 問題九

主題七 問題十五

主題七 問題十七

主題七 問題二十二

但當你交錯學習時，你開始混合其他類型的問題一起思考。注意下列的深色框如何包含混入「主題七」問題中的不同主題。這樣一來，你不就只習慣於主題七的概念，也會習慣主題七和主題四、五、六之間的關連。

交錯的作業

主題七 問題四

主題四 問題八

主題七 問題九

主題六 問題二十六

主題七 問題十五

主題五 問題十八

主題七 問題十七

當你以不同主題進行交錯的學習，你幾乎能感覺到大腦正在努力運作，這是怎麼回事？我沒有預期要復習其他的東西！但接下來，你會發現你開始以先前不曾想像過的方式，看見這種主題之間的差異。

順帶一提，交錯是件好事，能夠使你的注意力章魚有意識地比較不同的技巧，這有助於發展新的「抉擇」，讓你明白要選擇哪些技巧。另一方面，任務切換是不好的，因為你只是強行讓注意力章魚更換主題，使牠在你每次切換任務時，做一堆不必要的工作。

交錯對於教科書的編寫者而言往往很困難，因為每章最後的問題，通常都是聚焦於這一章的內容，這是一種自然而然的邏輯。所以，這表示交錯學習得靠你自己來囉，各位讀者！

形成腦連結組

現在我們來說明如何在學習各種科目時，在大腦中形成腦連結組的好辦法。

專注

第一個步驟是最重要的關鍵。記憶力冠軍尼爾森·德利告訴我們，專注是記憶的要點。但專注的重要性其實更廣泛，專注對於你想要連結的任何資訊來說，都是重要的。你得用上注意力章魚的所有手臂，不看電視、不用手機。你現在正要形成新的腦連結，所以必須很專注。你不妨抓著你的番茄鐘工作法計時器告訴自己：這很重要，我需要專心！

（嘿！如果你沒有十分專注，能不能形成新的腦連結？如果那是超級簡單的材料，也許可以，但是會花費你更多的時間才能形成連結。）

採取行動——積極練習！

如果你正在創造的腦連結涉及體力活動，那就專注地去做這個活動。舉例來說，你正在學習籃球的上籃得分，你需要練習投球。接下來你需要反覆不斷地投籃，或許從不同角度拋擲，一而再，再而三的嘗試。你會持續獲得回饋，因為你如果做錯了，就無法上籃得分。同樣的，如果你正在學某種語言，你需要反覆地練習聽和說，如果有機會，從以那種語言作為母語的人那裡獲得回饋。如果你在學習某種樂器，你需要練習新的曲子。或者你在學畫畫，你需要嘗試不同的技巧。你要從糾正你的老師那裡獲得回饋。

關鍵在於積極練習，或者活化你正在學的東西。光是觀察別人怎麼做或是看解答，或是不斷閱讀同樣的內容，都只是個起點，對於建立學習的神經構造沒有太大幫助。記住尤里烏斯·葉戈和標槍的例子。他不只消極地觀摩 YouTube 上的影片，除了專注於技巧，更重要的是他有積極練習。[5]

接連幾天好好練習你新學到的技巧，並且確

保每天晚上都睡得好，就能形成新的突觸腦連結。你應該為你的心智房屋拓寬森林通道，也就是使連結變得更密集。

另外，你還得「變化」你所做的事。以足球為例，你需要學盤球、過人、傳球或射門，你也要會鏟球和切球的技巧。踢足球不是一成不變的踢球，所有的技巧都彼此相關。如果你想成為一個足球高手，在訓練時就要練習每一種技巧，然後交錯練習，以期在比賽最激烈的時候可以迅速反應。

無論你學的是武術、舞蹈、外語、編織、焊接、摺紙、體操或者彈吉他，情況都一樣，你必須交錯地刻意練習。專注於困難的事，並且加以混合，才能成為一個專家。

關於數學、科學和其他抽象科目的建議

比方說，你要建立數學或科學方面的腦連結組。你想知道你能否靠自己解題。你可以拿出作業本，用鉛筆把答案寫下來。不要光看著解答說：「喔喔是這樣沒錯，我知道了……」

你能不能先瞄一下解答？可以的，沒有關係，但是你得聚焦在那些你漏掉或不理

解的部分。接下來，你要試著不看解答就解決問題。然後再做一次這道題目，接連幾天反覆地解題。

起初，問題似乎會難到你絕不可能答得出來！但終究它會變得非常簡單，簡單到讓你納悶，你一開始怎麼會覺得它很困難。到最後，你甚至不需要用鉛筆寫出解答，你只要看著問題稍微思索一下，答案就會像歌曲一樣迅速穿過腦中。這表示你已經產生良好的腦連結組。6

此處留意一個重點：你已經運用積極回想的技巧，讓你的腦連結開始形成。一如我們先前提到的，積極回想是促進學習最有效的技巧之一。

關鍵在於不要盲目地去背解答。你要看著問題，並且學著建立起自己的腦連結。一旦你腦中擁有堅實完美的連結，需要時便可輕鬆地將資訊拉進工作記憶中。有了靠自己解決問題的充分練習（不光只是看解答），解答時做完每一個步驟，你的大腦便會在你耳邊偷偷告訴你下個步驟是什麼。*

---

* 熟記某些資訊有時會有幫助，例如背好九九乘法表。因為當你將九九乘法表深植於腦中，大腦會自然而然開始分析型態和關聯。這種深植於記憶的過程，讓你順利地對這些數字及它們彼此之間的關聯有更好的感覺。但一如既往，光是死背而不理解，絕對不是正確的方式。（就好比死背某個單字，卻不知道它代表什麼意思，往後你怎麼使用它？）如果你能利用各式各樣的問題來練習，那麼你的數感會變得深刻而豐富喔。

我十幾歲時，在學校的數學成績不好，主要原因是我會偷看課本後面的解答。我騙自己說，我已經知道怎麼解題了。我錯了！長大後我必須重新學數學，但至少我學到了不要愚弄自己！——理查・賽德爾（Richard Seidel）

試著不要偷看解答！

讓寫作能力進步的特別建議

我們描述用來增進數學和科學能力的技巧，非常類似於讓寫作能力進步的技巧！

著名的政治家富蘭克林在青少年時文筆並不好，他決心改善這個問題。他找了一些出色的文章，記下段落中的幾個字詞或關鍵概念，然後設法只利用這些關鍵概念作為提示，憑著記憶重新寫出這些句子。藉由比對自己寫出的句子和文章中的句子，他看出後者之所以更好的原因——它們具備更豐富的詞彙，而且文筆更好。富蘭克林一再練習這種技巧，漸漸發現他已經能夠超越原作的程度了！

隨著寫作能力的進步，富蘭克林挑戰自己利用提示來寫詩。然後，他打亂提示，訓練自己如何讓文章變得井然有序。請注意，富蘭克林不只是背下好的作品，他還積極建立寫作的連結，所以能輕鬆地從腦中拉出好文章。如果你想增進藝術才能，你能做點什麼來達到這個目的？

回到鋼琴

那麼，我一邊看漫畫，還能一邊學好鋼琴嗎？當然不行！我違反了良好學習的每項原則。我沒有刻意專注於比較困難的新技巧，而是懶惰地學習，只彈奏我已經熟悉的曲子。的確，我有費心學點新的東西，但每天只花五分

著名的美國政治家富蘭克林在青少年時期文筆不佳。他決定改變自己，積極培養大腦中寫作的連結。

鐘去理解，難怪沒什麼進步。我學到的新材料不足以讓我進行任何交錯。漸漸的，因為我進步得不夠快，結果喪失原本擁有的一絲興趣。

我爸媽一直不知道我要的那些小詭計。不幸的是，我現在完全不會彈鋼琴了！這是加倍可惜的事，因為研究顯示，學樂器在許多方面都有益於你的大腦，能幫助你更容易學會其他無數種技能。

幸運女神的眷顧

你或許會說：「可是，芭芭拉，要學的東西實在太多了！我試著學好那些抽象困難的東西，但是怎樣才能將它們全部形成腦連結？」簡單的答案是，你無法全部學會。你最好挑一些關鍵的概念，使之變成腦連結，將它們牢固地串連起來。

請記住我老是掛在嘴邊的「**意外發現珍寶**

幸運女神眷顧願意去嘗試的人。

的法則」，那就是幸運女神會眷顧願意去嘗試的人。你只需要專注於正在學習的部分，遵循直覺，關注需要連結的最重要資訊。你會發現，一旦你將第一個問題或概念放進你的腦連結圖書館，無論那是什麼，接下來第二個概念要進入，就會變得容易一些，而第三個會更容易。這不見得有多輕鬆，但確實會比較容易。

只要你好好努力，好運就會眷顧你。

停下來回想

這一章的主旨是什麼？讀完這一章，別忘了恭喜自己，每一點成就都值得精神上的嘉獎！在嘗試回答時，闔上書本，並且移開視線。

完成後在方框中打勾：❏

換你試試看

邁向熟練的腦連結[7]

- 選一個你真正想進步的科目。想想有哪些技巧或知識是應該去刻意練習的。確認你可以執行的特定任務。弄清楚什麼成果就代表你已經達到熟練的程度，因此應該中止練習，以便進一步練習更複雜的任務。
- 將彩色圖畫紙裁切成條狀，用來製作一個腦連結組模型。每條紙帶構成腦連結組的環圈。你可以利用顏色來代表不同的任務種類，或者純粹為了圖案趣味而變換顏色也可以。
- 在每條紙帶上寫出任務。然後將紙帶銜接

澤拉為她的吉他練習製作了一組環圈。她用一個紙環當作標題「吉他」，然後再製作她想要專注的刻意練習環圈。其中兩個是她需要確定下來的新和弦：（C9 和 G 和弦），還有兩個是她覺得現階段具有挑戰性且重要的任務：寫出她知道的和弦指法，以及利用她知道的和弦發展出一首歌曲。

成環，黏合兩端，再連接另一個紙環，以此類推，要確保字寫在環圈外面，以便閱讀。這組「刻意練習環」可以列出你每次學習該科目時需要執行的挑戰任務。

- 等到你熟練了某項任務，切開它的紙環，將它加進「已熟練任務」組。等你精通了新的挑戰，這個腦連結組會變得越來越長。你可以增加新任務到「刻意練習環」，方便列出你想專注的挑戰任務。

心理學關鍵術語

積極學習：積極學習的意思是主動地練習，或者實際做一些可以活化學習的事。觀察別人，或者查看解答，或閱讀某些內容，都能協助你展開學習的歷程，但這對於建立自己的學習神經構造並沒有太大的幫助。只有積極運用這些學習材料，才能建立強大的腦連結。

積極回想：積極回想指的是完全不靠眼前的筆記或書本來提示，而是靠自己努力回想起某個概念。光是回想你正在學的關鍵概念，就是瞭解它們的最好方式。

健忘：健忘是沒有能力記住你生活中的新事實或事件。

認知負荷：認知負荷是指使用於工作記憶中的心智力分量。如果你有過重的認知負荷，那是因為你在同一時間面對太多的新資訊，導致無法順利吸收。

刻意練習：刻意練習是專注於對你來說最困難的事，與之相反的作法是「懶惰的學習」，也就是反覆練習那些對你來說最簡單的東西。

事實記憶：我們用「事實」來指稱比較抽象的記憶類型。事實比「圖象」更難儲存於長期記憶中。（心理學家稱這類屬於常識的長期記憶為「語意」記憶，例如顏色名稱和一生中學到的某些基本事實。）

交錯：交錯的意思是，練習你正設法學習的事物的不同面向，這樣你就可以瞭解不同技巧之間的差異。你的代數教科書的第四章可能教你一套解答的技巧，而第五章則教你另一套不同的解答技巧。交錯意味著交替第四章和第五章的問題，好讓你看出何時該使用這兩種不同的技巧。

長期記憶：長期記憶就像大腦裡的置物櫃，是用來長期儲存記憶的空間。你可以將大量資訊儲存在長期記憶中。腦連結組就儲存於長期記憶。

圖象記憶：我們用「圖象記憶」來指稱涉及圖象的記憶類型。圖象比事實更容易儲存在你的長期記憶之中。（心理學家稱圖象記憶為「事件」記憶。）

工作記憶：工作記憶是大腦的暫存空間。你可以將工作記憶想像成只有四隻手臂的章魚，因為你一次只能在工作記憶中抓住大約四個項目。你的工作記憶的「手臂」能伸進長期記憶裡，抓取你已經創造出來的腦連結組。

總結

- 查看問題的解答或觀察別人練習，能讓你踏上學習新東西的第一步。但光是這麼做，並無法建立起自己的腦連結。**積極解決問題或親自從事活動，才能創造腦連結。**
- **我們透過刻意練習，來形成並強化腦連結組。**刻意練習是專注、反覆地處理某概念中比較困難的部分。別浪費太多時間在你已經知道的簡單事物上。
- **交錯是產生專家腦連結組的另一個重要部分。**在某個主題範圍內切換，可以讓你對這個主題有全面的認識。你的神經元最終會串連起來，而你會獲得一塊完整的「拼圖」。
- **練習積極回想。**進行自我測試。或者找別人考考你。
- **把你覺得困難的概念教給你的爸媽或朋友。**試著不看筆記做這件事，這是強化腦連結最好的方法，也能使你瞭解你的知識存在著哪些缺口。
- 記住你在第一章學到的東西——**進行圖畫散步**。這會讓你的頭腦準備好應付即將要處理的事。

小測驗練習

1. 不要翻到前面看，你能不能說明為什麼拼圖是一個好的比喻，可以用來解釋我們如何拼湊出概念？
2. 你怎麼向一個七歲的孩子說明「交錯」的概念？你能不能想出一個讓他好懂的例子？
3. 什麼是「懶惰的學習」？
4. 在應該練鋼琴的同時，一邊看漫畫，如果你認識超人，你覺得他會怎麼看待這件事？
5. 有哪些可以幫助學數學、科學和其他抽象科目的特別建議？

（完成後，比對你的答案和書末的解答。）

已經完成圖畫散步、回答了章末的問題，並且準備好下一章的筆記本？❏

13 問自己重要的問題
讀書時是否應該聽音樂？

請你閉上眼睛。哎呀，不是現在！我是說等你讀完這整段文字之後。想像一下，你正從天花板俯瞰著自己。好，就是現在。

你看得見你的頭髮嗎？你穿的衣服？你的臉看起來很專心嗎？你從上方看見了怎樣的學習者？「天花板的你」對你此刻的學習情況有什麼看法？你是個有效率的學習者嗎？別忘了你有內建測謊器——你的樹突棘！

成為藝術家和科學家

我們希望你成為學習方面的科學家。那麼，你要研究的對象是什麼？就是你自己。

我們要你從天花板看看你正在做的事。

第一個實驗是音樂。有人說讀書時不應該聽音樂。但每個人都是不一樣的個體，對音樂也有不同的品味。你認為音樂會幫助你唸書更專心，還是讓你分心？

要當一位學習方面的科學家，你需要進行一些觀察。你可以觀察自己的學習情況，想想什麼是有效和無效的學習法。有人甚至喜歡在筆記本上記下這些觀察。我知道你是個忙碌的學生，而且這種觀察不見得對每個人都管用，但我有個建議，你不妨試個幾天，就當作一場冒險：在每天快結束時簡單記下日期，然後畫一小張圖，象徵你度過的這一天。不管好不好看，儘管畫出來，不需要像藝術品。這大約只需要花你三十秒。

你畫了什麼？比讚的拇指？花朵？青蛙？靴子？唯一重要的是，這張圖得對你有意義。

接下來，你可以在筆記本上加一些關於當天學習的筆記。要記得，你是「從天花板」進行觀察。你想要以一種冷靜的局外人觀點，

從天花板觀察你自己。
你的學習情況如何？

來做這個科學研究。你的學習有什麼進展？你是否運用番茄鐘工作法？多少次？兩次？三次？有什麼事是你做得特別好的？有沒有你原本可以做得更好的事？什麼事對你當天的學習造成影響？（順便一提，如果你列出隔天打算做的任務清單，可以幫助你更快入睡喔。因為這會清除掉你工作記憶中的項目，有助於讓你放鬆和睡得更好。）

如果你不喜歡寫筆記，或許是因為那有點像額外要完成的家庭作業。沒關係，你可以試著跟你同學或爸媽聊一聊當天的學習狀況，問自己相同的問題。舉例來說，你在讀書時有聽音樂嗎？如果是，你是否因此分心了？或者，音樂反而為你提供了一個安心的背景？請務必誠實作答。

在思索你的觀察結果時，設法找出某種固定的型態。例如，你是否在一夜好眠之後，白天變得較有精神？或者，跑完步之後覺得精神變好了？如果讀書時將手機帶在身上，你會分心嗎？或者你的手機設有番茄鐘工作法計時器，反而可以幫助你提升專注力？你在聽某種類型的音樂時比較有生產力？或者你不聽任何音樂，才能夠安靜認真地讀書？

科學家說，聽音樂會影響你用功，你同意嗎？我們可以聊聊這件事。但首先，還有一些意想不到的因素會影響你的學習。

在不同的地方唸書

想一想你都在哪裡K書。你是否總是待在你的臥房唸書？圖書館？朋友家？戶外環境？或者你會改變唸書的地點？你可能覺得這樣說有點怪怪的，但其實常常更換讀書的地點，是一件好事。1

為什麼呢？事情和你友善的注意力章魚有關。活生生的章魚身上有吸盤，幫助牠吸附東西，而在我們的比喻中，吸盤能使你的學習「黏著」或者「滑脫」。當你的注意力章魚在幫助大腦理解材料時，牠也會拾取其他亂七八糟的東西。舉例來說，如果你在圖書館念幾何學，你的章魚會幫助你瞭解這個主題，但同時也會拾取散佈在圖書館的某些感

一點點圖書館調味料會沾附在章魚的連結上。

覺、氣味和印象。

如果你總是在圖書館念幾何學，你的章魚最後會習慣它。當你從長期記憶中拉出一組幾何學連結，雖然你沒有意識到，但這個腦連結組已經粘黏著一些「圖書館」的片段。你的章魚讓腦袋的幾何學連結帶有一點圖書館的調味。

那又怎麼樣？好，你通常不會在圖書館考試，沒錯吧。如果你總是在圖書館唸書而在教室裡考試，那麼你的章魚可能會有點困惑。在教室裡，你的章魚可能很難找到幾何學連結，因為附近沒有圖書館的氣味引導牠，結果讓你的反應和思考變得比較差。

因此如果可以，最好在不同的地方唸書！我們知道學校未必總能提供適合的唸書空間，但在家唸書時，盡可能待在不同的房間，這麼一來，無論你在什麼地方用功，你的注意力章魚終究會習慣於從你的長期記憶置物櫃裡找東西。如果你星期一在圖書館讀幾何學、星期二在家裡，星期三在公園，甚或只是不同日子在不同房間唸書，不管你身在何處，你的章魚都會習慣於直接抓取你腦中的幾何學連結，那麼你的反應會變快，考試成績就會進步！

發揮創意，培養變通的技巧，有時將椅子挪到房間的不同位置唸書也行。或者，用不同顏色的筆做筆記、移動燈具，任何能夠稍微改變學習方式的事都行！

聽覺 vs. 視覺學習

研究顯示，每個人都以不同的方式處理資料，所以我們可能是「聽覺」、「視覺」或「動覺」*型的學習者。意思是，有人藉由聆聽、有人藉由描繪事物、有人藉由碰觸，就能獲得最佳的學習成效。

可惜的是，仰賴某種你偏愛的學習形式，也就是使用某種感官而非數種感官來學習，可能會弱化以其他方式學習的能力。[2] 舉例來說，如果你認為你屬於「聽覺型的學習者」，你會設法藉由聆聽來學習。結果會怎樣？你可能變得比較少去練習閱讀。但是如果你不練習閱讀，考試時如何能有好的表現？

我們要同時運用聽覺、視覺，尤其是靠雙手觸摸等數種不同的感官，才能獲得最佳的學習成效。因此每當你學任何東西，請試著用上全部的感官。不要認為自己具備某種偏好的學習形式，而是要視自己為一個「多元感官的」學習者。如果你能想像自己

* 動覺型的學習，意思是透過碰觸或撫摸來學習。舉例來說，除了用眼睛看，你也可以藉由觸摸辨識不同的材料（例如蜂蜜、海綿或螺絲鋼釘）來學習。

聽得見某位歷史名人對你說話，或者看得見某種化學物質，那就是一種多元感官的學習，那對每個人來說都是最有效的學習方式。

睡眠比你以為的更重要！

你有充分的睡眠嗎？有件事說出來會讓你嚇一跳：光是醒著，就能在你的腦中形成有毒的物質。你醒著的時間越長，毒素就累積得越多，想起來就可怕！還好事情沒有聽起來那麼糟。一旦你睡著，你的腦細胞便開始收縮，毒素會透過缺口被沖出來，[3] 等你醒來時，毒素已經消失。就像電腦可以重新開機排除錯誤，大腦在你一夜好眠醒來之後會重新開機，這就是我們大腦的連夜升級程序！

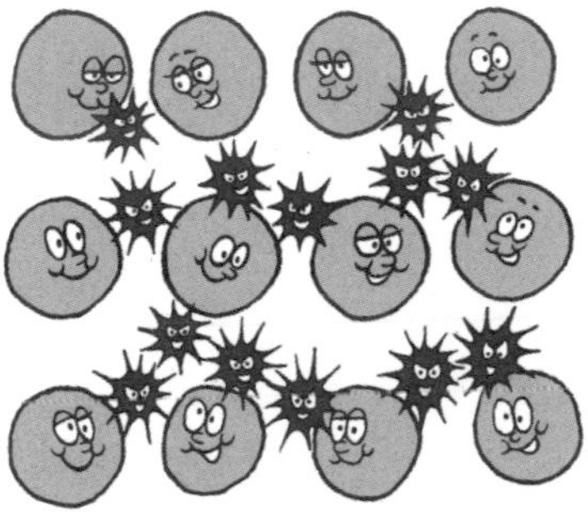

當你睡覺時，你的神經元會收縮，讓毒素被沖走。

如果缺乏足夠的睡眠，你便沒有時間清除大腦中全部的毒素。在一天的開始，你就會感覺昏昏沉沉，無法清晰思考，你的神經元也無法長出新的突觸。此外，你的心智老鼠沒有時間沿著通道奔跑和創造新的連結，這太糟了！

睡眠是一種終極的發散模式。概念、意象和片段的知識在你的腦中四處流動，它們在不同的腦部位連結起來，有創造力地串連，一起解決問題。當我們不太確定某件事時，我們會說「我再想想」（"sleeping on it"），而睡眠中的大腦最擅長想出解決之道，即使那時你沒有保持專注。

順便一提，小睡片刻也有助於學習。小睡很像一般的夜間睡眠，可以讓暫存於海馬迴的資訊被移入長期記憶區。這種移動會「清空」你的海馬迴，以便在你小睡之後更容易容納你想要倒進來的新資訊。但不要以為白天一連串的小睡可以抵得上每天晚上長時間的優質睡眠。事情不是這樣的。

說到這裡，你可能會問我，每天應該獲得多少睡眠才足夠。情況因人而異，一般而言，你每晚至少要有八個小時保留給「睡眠機會時間」，也就是用來入睡和睡著的時間。*4 這八個小時的睡眠機會時間應該每週一致，而不是你趁週末大睡特睡就可以彌補不足。**睡眠是每天重新調整和保持健康的最好方式**。青少年和年輕人每晚往往需要超過八個小時的睡眠。

為了幫助你獲得一夜好眠，入夜後要避開會發出藍光的物品，例如iPad、電腦螢幕和智慧型手機。你也可以下載阻斷藍光的應用程式。睡眠不足可能產生對你類似於吞下砷這樣的長期影響。缺乏睡眠讓有毒的物質累積在全身，使你更容易生病、罹患癌症及各種精神問題。缺乏睡眠也會阻止新的神經元和突觸的生成，使你的學習變得困難。

所以，如果你有寫「學習日記」的習慣，不妨在日記中記錄前一天晚上你睡了多少時間，並且追蹤你的感覺，這可以讓你檢視你的睡眠品質。如果你感到疲勞，而且發現自己在白天不小心睡著了，你肯定睡眠不足。還有，如果你在睡前做一點保持專注的事，你更有可能夢見它喔。而你夢見的功課會幫助你考試，因為你會記得更牢固。5

將睡眠當作高優先事項來進行吧！考試前不要熬夜讀書。番茄鐘工作法加上活力充沛的腦，比疲勞的腦事半功倍！

＊如同睡眠研究人員沃克（Matthew Walker）的說明，由於基因的緣故，約百分之四十的人屬於喜歡早起的「早晨型」。另有百分之三十是喜歡晚睡晚起的「夜貓子」，其餘則是混合型。不同於成年人，青少年往往具備內在的「睡眠時鐘」，使他們趨向夜貓子狀態。這讓青少年很難早睡，即使他們很想這麼做。可惜，許多學校太早上課，讓青少年得不到他們想要和需要的睡眠。目前已經有少數學校將上課時間往後調整，結果發現學生考試成績明顯進步了。

先吃青蛙！

「先吃青蛙」的意思是，當你唸書時，先從不喜歡或覺得困難的科目開始。這麼一來，如果你被黏住了，可以先休息一下或處理別的功課，讓發散模式在背景中運作，等你回到原先的任務，你就會被「撕開」了。甚至，你可能一開始唸書就先解決掉困難的任務，這會讓你覺得心情愉快。（當然，如果你不喜歡吃青蛙，那麼你需要換個比喻。有人喜歡將它想成「把蛋糕上的草莓留到最後才吃！」）

設定停工時間

最後一個訣竅。如果你能設定每天停止用功的時間，會對學習很有幫助。我們知道在學校的作息可以有力掌控這件事，但是當你回到家寫作業，如果可以，規劃出某個時刻便停工休息的計畫。

舉例來說，卡爾·紐波特（Cal Newport）在大學期間嚴守下午五點停止唸書的原則，他最終取得麻省理工學院電腦科學的博士學位（最高階的大學學位）。麻省理工學院是世界頂尖的大學，可見這個原則對他十分受用。（你或許想讀一讀他寫的一些書，例如《如何當個全A學生》〔*How to Become a Straight-A Student*〕）。卡爾堅信他並非天生就很厲害，而是發現設定一個固定的停工時間，讓他可以在白天專注於功課，在晚上放鬆，享受與朋友相聚的生活。卡爾藉由學會在用功時保持專注來減輕壓力。

卡爾推薦我們一個他用來解除工作狀態的停工儀式，你不妨也試試看。假裝你是個飛行員，到了指定時刻便開始倒數計秒，最後說「系統關閉！」

有一件事情除外。在你睡覺前，你可以在學習日誌中寫一些筆記或回想當天的經過。你也可以最後再看一眼你想要強化鞏固的事，為你的夢和學習提供燃料。但是，至少在就寢的一兩個小時之前，就要遠離背光的螢幕，例如電腦或智慧型手機的螢幕。背光的螢幕會發出光信號到你的腦，催促你「醒來吧！」，那會讓你難以入睡。

回到音樂

我們在這一章談了許多事，現在已經快要結束了，我們答應讓你知道研究對於聽音樂的看法。結論是：科學家對這件事沒有定論！[6]也就是說，對某些人來說，音樂可能對用功唸書有幫助，但有時音樂也可能讓你誤以為有幫助，但其實有害。這也是為什麼成為一個「學習科學家」是一件重要的事，你不妨像一個超級客觀的科學家那樣觀察自己的學習情況，就能看出音樂和其他因素會對你的學習造成哪些影響。

關於音樂，研究提供的引導只有一個：音量大和附有歌詞的音樂，似乎更容易讓你的注意力章魚分心。歌詞會塞滿章魚的一隻手臂，讓它缺乏效能。但沒有歌詞、比較安靜的音樂，有時反而是有益的，這取決於你在唸哪一類科目。但是你別忘了，當你參加考試時，身旁可不會放音樂，除非你正好鄰近學校的音樂教室！

重點是，如果你想一邊唸書一邊聽音樂，沒有關係，但你必須親自嘗試，看看那會對你造成什麼影響。務必對自己誠實喔。

換你試試看

像「學習科學家」一樣思考

今天是展開一項新習慣的好日子。仔細想想你的學習狀況。科學家會細心地觀察事物，並且設法辨識出型態。你也一樣，無論是透過日誌紀錄，還是養成「每天都會回想一天發生的事」這樣的習慣，重要的是用心思考。記得要讓自己彷彿置身於天花板，對自己進行觀察。不久後你就會習慣這樣的觀察，而可以在張開眼時，從你的心眼看見自己一天的活動！

如果你當天要應付測驗或考試，試著像學習科學家那樣思考會特別有意義。如果你表現良好，你是做對了什麼事？如果你表現不太好，是什麼地方出了問題？哪些部分你沒有好好理解？你是怎麼研讀這些部分的？下回你要怎麼改進？

以下範本可以提示你在學習日記中要列出的項目，或者在一整天結束時，你可以思考的事：

我的學習日記範本*7

日期：__________ 畫一個我今天的學習心情：

我自己的設定？

我前一晚睡了多久？ ______________ 小時

今天做了多久運動？ ______________ 分鐘

今天吃了哪些東西？

❑ 水果　❑ 蔬菜　❑ 堅果

❑ 富含蛋白質的食物　❑ 無垃圾食品

我的學習狀況——時間？地點？學到什麼？

我的書包和置物櫃

我學到的新東西：	我回想和復習的舊東西：

今天在哪裡 K 書？

地點 1：______________ 地點 2：______________

地點 3：______________

今天進行了幾次番茄鐘工作法（做標記）：

今天做的聰明事：

吞青蛙？

應付考試？

教了同學？

擬定當天的待辦清單？

我的系統關機時間：______________

*你可以在 https:// barbaraoakley.com/books /learning-how-to-learn 找到這個學習日記的範本。

停下來回想

這一章的主旨是什麼？你可以在現在身處的地方坐著想一想，但是接下來，要試著在不同的房間裡回想這些概念；或者，最好到戶外去回想。

完成後在方框中打勾：❑

總結

- 每個人狀況不同，成為你自己的學習**科學家**很重要。你能看出什麼方式對你的學習最有效。試著像科學家一樣思考，找出對你有用或無用的學習型態。
- 學習時聽音樂可能有幫助，也可能有害處。從天花板觀察聽音樂如何影響你的學習。
- **盡量在不同的地方用功**。這樣一來，即使考試地點是你讀書的房間，你的注意力章魚也會適應得很好。
- **使用各種感官學習**。你的眼睛、耳朵和手、就連鼻子也能幫助你學習。運用全部的感官學習，成效最好。

◆睡眠不只有助於建立新的突觸連結，還可以沖掉毒素！

◆**先吃你的青蛙**。從困難的材料開始處理，如此一來，必要時你就可以休息一下，利用發散模式來工作。

◆每天設定固定的**停工時間**，這可以讓你在工作時更加專注。

小測驗練習

1. 這一章裡描述了某些類型的音樂可能對你的用功不太有幫助。用自己的話重述這些發現。
2. 為什麼在不同的場所用功是個好主意？
3. 相信自己屬於某種特定學習形式的學習者，有什麼不妥？
4. 在學習抽象事物（如數學）時，要如何運用視覺、聽覺和「感覺」來學習？
5. 睡眠與大腦中的毒素有什麼關係？

6. 解釋「先吃你的青蛙」這句話。

7. 工作時幫助你更有效地集中注意力，（在這一章中所述）最好的方法是什麼？

（完成後，比對你的答案和書末的解答。）

已經完成圖畫散步、回答了章末的問題，並且準備好下一章的筆記本？❏

14 學習帶來的驚喜
噓……弱點可能變優點！

你是否曾經在課堂上見過某人的手隨著老師的問題飛快地舉起？那一瞬間，你還在努力理解老師的問題？別人那個有如賽車般迅捷的腦袋早已知道答案，而你甚至還聽不懂問題。

我們很容易這麼以為：我學得很慢，所以我不是學習的那塊料。但有些事總是教人出乎意料！如果你的反應比別人遲鈍，你也一樣能有好的表現，甚至表現得比那些敏捷的學習者更好喔。

這怎麼可能！

在這一章，我們要聊聊關於學習的諸多神奇之處，

有時候你所相信的事恰恰不是真的，就像電玩遊戲。

電玩遊戲

爸媽是否常常阻止你打電玩？就像多數父母一樣。電玩遊戲的確有其壞處，但有件事會讓爸媽們感到詫異不已：某些類型的電玩遊戲是有助於學習的。事實上，某些電玩遊戲也對你爸媽有好處！[1]

動作型電玩對於保持專注極有幫助，因為在你玩樂的同時，也在集中注意力。當你玩動作型電玩，你的心智老鼠在重要的核心腦通道到處奔跑，那是腦中的「專注」通道，你越常使用它，它就變得越寬廣。成為一個電玩高手，意味著當你轉移注意力到某件事物時，你能真正地進入專注狀態。*

此外，動作型電玩能在「某些方面」增強你的視力。比起那些不打動作型電玩的人，你更善於辨識細節，甚至在濃霧中也能看得一清二楚！不僅打動作型電玩對你有益，例如俄羅斯方塊這類的遊戲，也可以發展你的空間能力，你學會了輕鬆地在心眼中轉動物體，而這可是運用在數學和科學理解上的重要技能！

並非每一種電玩遊戲都有好處。舉例來說，模擬市民（The Sims）是一款「生活模擬電玩遊戲」。聽起來很棒，但這種遊戲無法讓你練習心理學家所謂的「注意力控制」。如果你希望提升專注力或空間思考能力，你應該去玩動作型電玩或空間型電玩。

打電玩的缺點之一，在於打電玩可能會上癮。如同運動、飲食、甚至學習本身，當你在做這些事情時，以常識作為拿捏的尺度是重要的關鍵。如果打電玩已經妨害到你的生活作息，你就應該有所節制。就算你對打電玩有強大的熱情，你也應該知道運動和休息才能幫助你有更好的表現。

電玩遊戲也可能對成年人有幫助。如果你喜歡動作型電玩遊戲，盡量把它們介紹

* 我應該指出，電玩遊戲並不能擴充你的工作記憶。要擴充工作記憶就像要增加章魚手臂的數量，很難辦到。如果你看見廣告說，某些遊戲能夠擴充你的工作記憶，請心存懷疑。目前，研究人員還不知道如何協助人們建立更大的工作記憶。如果你沒有令人滿意的工作記憶，請繼續往下讀。你會知道你具備某些特別的優勢！

順便一提，我們可以合理推測，諾貝爾獎得主聖地牙哥在記憶力方面的潛在挑戰是他的工作記憶欠佳。因為聖地牙哥在自傳中說，他的父親非常擅長運用方法將資訊儲存到長期記憶，聖地牙哥可能從父親那裡學到一些竅門。但是聖地牙哥的父親無法幫助兒子提升工作記憶，因為即便時至今日，我們仍然不知道提升工作記憶的方法。

對聖地牙哥而言，這聽起來好像是件壞事，其實不然。聖地牙哥差勁的工作記憶似乎是他神奇能力的一部分，讓聖地牙哥得以看出被「天才們」忽略的神經解剖學潛藏原理。同樣的，如果你的工作記憶欠佳，你可能得更加努力追趕上別人，但是，這也可能是一項很棒的天賦，能夠讓你用比「聰明人」更簡單明朗的方式看待事情！

給你的爸媽。沒錯！動作型電玩遊戲能夠幫助你的爸媽增進專注力，即使他們的年紀已經很大了。甚至有些動作型電玩還可望被美國聯邦藥品管理局認定為一種「藥物」，因為它們能夠強化年長者的思考能力。所以，下回當爸爸或媽媽告訴你，打電玩對你百害而無一利時，請將這本書拿給他們看。打太多電玩肯定不好，但是有些電玩屬於好的遊戲。如果爸媽決定和你一起玩，對他們的健康也有幫助呢！

學習截然不同的事

前文提到，如果你熱衷打電玩，去學別的東西或從事與電玩截然不同的事，會讓你打起電玩變得更加厲害，不管是去畫油畫、撐竿跳、學法語、雜耍、看日本漫畫……只要是跟電玩不同的事物就可以，它們

艾爾喜歡和兒子雅各一起打電玩。

會以意想不到的方式幫助你打電玩時更順利地過關斬將。

事實上，不管你熱衷做什麼，只要去學點完全不同的事物，都能讓你對你所熱衷的主題掌握得更好。為什麼呢？因為你在投入喜歡的事物時，可能會陷入所謂的「慣性思考」。*你的心智變得太過習慣於沿著特定神經通道奔跑，因此不容易改變，讓你的思考不夠靈活。

以下是另一種探討方式。如果你希望專精於某件事，你往往會花上所有的時間去熟悉這件事。但事實是，每個想精通此道的人都這麼想，所以如果你付出跟別人一模一樣的努力，要怎麼勝過他們？

準備好再次接受震撼了嗎？更勝一籌的方法是朝不同的方向去努力。你得學點別的，任何東西都可以。無論你學什麼，你的大腦都會找到辦法使這些概

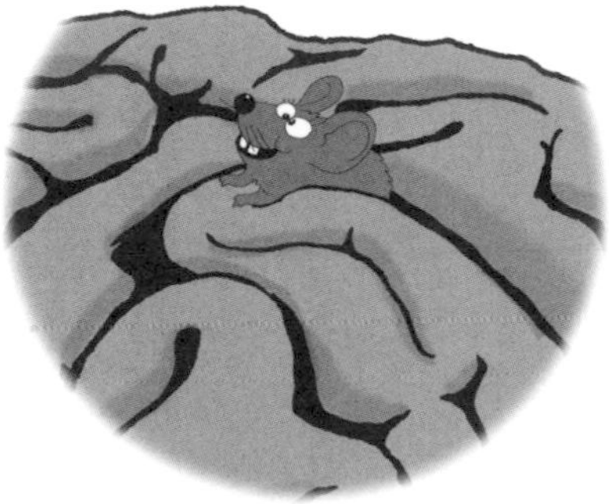

「慣性思考」

*心理學家稱此概念為「定勢」（"Einstellung"）或「功能固著」（"functional fixedness"）。但這個詞彙有點難記，我們喜歡說成「慣性思考」。

念對你原先的興趣產生用處，通常是透過比喻。這個重要的學習概念稱作「移轉」。你在某部位創造出腦連結，讓你很容易在不同的部位也建立起連結。例如，學打棒球能幫助你熟練許多種球類運動，甚至能幫助你理解物理學。而學好物理又能幫助你學經濟學，或是製作出漂亮的陶器。將某個科目或活動的概念移轉到另一種科目或活動，會讓你更具備創造力，就像一塊你可以改造的模板，從某個領域適用到另一個領域。

如何做筆記

以下是另一個關於學習的神奇之處。很多人以為做筆記最好用打字來完成，畢竟電腦打字的速度比手寫快，而且打字比手寫的字跡更為工整好看。

不，手寫的筆記比較好，即使你的字跡很難看。*請記得，你需要形成關鍵概念的腦連結組，而你知道嗎，如果你只是用打字記下你所聽見的東西，這些話語流進頁面時並不會創造出連結組。從耳朵進、從手裡出，其間並沒有深刻的腦活動。但是，如

* 如果你碰巧有手寫困難的問題，用打字做筆記仍然可行。但要避免只是將你聽見的內容打下來，落入不用心思的陷阱。你需要放慢打字的速度，以便總結關鍵概念，而非只管將所有流進耳朵的東西用鍵盤打出來。

果你用手寫記錄，就必須思考寫在紙上的東西，那麼就有助於形成腦連結組，你的樹突棘才會開始生長。如果你在睡覺前復習筆記，那麼你睡著之後，樹突棘會長得更好！

有個做筆記的好方法，就是在頁面接近頁底約三分之一的地方劃出一條線，在較大的頁面寫下最初的筆記。接下來復習時，在較小部分寫出簡短的重點。然後移開視線，看看能否回想起這些重點。自我測試一下，練習拉出這些連結！

要把筆記做好，並沒有神奇的捷徑，基本上就是挑出重點，讓你能夠加以復習和強化腦連結。

工作記憶欠佳？恭喜你！

還有一個關於學習的神奇事件，工作記憶欠佳的人，他們的表現有時更勝於擁有強大工作記憶的人。怎麼會這樣？

有些人擁有非常好的工作記憶，他們的注意力章魚可能有八隻、甚至更多的手臂，章魚的觸手非常黏，能把一大堆東西抓進腦中，而且留在腦海裡，這很合理，對吧。

然而，工作記憶欠佳有什麼好處呢？舉例來說，如果你的注意力章魚只有三隻手，那麼你就必須更努力去形成關鍵概念的腦連結。當你的章魚沒有足夠的手抓住腦中的想法，你就必須設法簡化和連結這些概念。

這表示，工作記憶欠佳者所形成的腦連結組，可能包含了意外優美的單純化和創意十足的跳躍。[2]而那些具備強大工作記憶的人可能會發現，所謂「富有創意的單純化」很難達成。強大的工作記憶，意味著他們不需要想辦法去簡化事情。

工作記憶欠佳的人往往覺得他們的想法會瞬間溜走。聽起來很糟，卻可能是件好事。研究顯示，當某個想法從腦中溜走，就會有另一個想法突然闖進來，所以工作記憶欠佳的人可能特別有創意！這種創造力表現在注意力不足過動症等注意力「失調」（我們認為這應該是種「優勢」）的人身上，尤其顯著。[3]因為工作記憶和專注力欠佳的

人必須比別人更努力才能形成腦連結，因此他們更容易產生創造力，他們會看見優美的捷徑，冒出別人忽略的點子，這種交換未必不划算！

徒步腦vs.賽車腦

因此，我們漸漸發現那些腦筋動得慢的人，有時比腦筋轉得飛快的人有優勢。這麼說吧，「賽車腦」能更快抵達終點線，換句話說，這些人更快想出問題解答。而另一方面，思考遲緩的人也能想出解答，只是速度慢得多。（記得，有些人碰上某些科目時就像擁有一顆賽車腦，但碰上其他科目就成了徒步腦。）

對於一個賽車腦來說，所有東西都是模糊掠過，動作迅捷不見得會關切到細節。但徒步腦的思考儘管緩慢，卻有更多餘力去感受樹葉的觸感、嗅聞空氣中的松樹味、聆聽鳥鳴和看見兔子的足跡。這表示，在某些方面，徒步腦可能比賽車腦看東西更為深入。

所以如果你在應付某些（或許多）科目上是徒步腦，你要感到開心。雖然在學習時，你花的時間比賽車腦更久，但你和他們一樣可以學得好。事實上，你會比他們學得更加細緻且深入。反過來說，擁有賽車腦的確是件值得開心的事，但你還是得小心別衝太快駛出車道，因為你可能回不去原來的車道。稍後我們會談這件事。

下一章，我們探討本書中最重要的篇章。如何準備考試！

總結

- **動作型電玩能夠增進專注力**，還能強化視力。動作型電玩對年長者尤其有益，有助於保持他們的專注力。
- **空間型電玩遊戲能增進你在腦中轉動物體的能力**，這是數學和科學思考上常用的重要技能。
- 如同其他活動，電玩的壞處之一在於可能**讓人上癮**。要運用常識，避免沉迷於電玩。
- **培養心智彈性，學些與你的嗜好截然不同的東西**。你會發現那些讓新創意產生的連結，有助於精通你原本的嗜好。學習迥異的事物，也能幫助你免於落入「慣性思考」的陷阱。

- **手寫做筆記**，讓你更容易形成關鍵概念的腦連結。
- **工作記憶欠佳可能是件好事**，能讓你：
  1. 看出他人忽略的單純化。
  2. 更有創造力。
- **緩慢思考者對於某個學科或問題的理解，就跟快速思考者一樣好**。緩慢思考者或許需要較多的時間，但往往比快速思考者更深入地瞭解這門學科。

換你試試看

將它寫出來

物理治療師運用伸展身體的動作，來治療身體出現的毛病。西班牙物理治療師貝尼托（Elena Benito）說：「身為一名物理治療師，我知道手與腦有太多的連結。每個手寫字母都在我們的手腦之間來回傳送數量驚人的資訊。」

貝尼托建議：「當你不理解正在研讀的內容，或許是某個複雜的數學公式，或許是一句很長的句子……不妨將它寫下來，寫個一遍或兩遍，這會對理解有幫助。將問題寫下來可以幫助你跳越心智障礙，將資訊深深置於腦中的另一個地方，以不同的方式被處理。」

下回，當你碰見不太理解的東西，試試貝尼托的訣竅。將它寫出來！

艾蓮娜・貝尼托知道活動身體有多麼重要，可以幫助我們瞭解困難的事物。

停下來回想

這一章的主旨是什麼？哪個概念最重要？或者，有哪些概念同樣重要？回答的時候闔上書本，移開視線。完成後在方框中打勾：❑

小測驗練習

1. 哪兩種類型的電玩遊戲能夠增加你大腦中的連結？為什麼？
2. 這一章中提到打電玩的壞處是？
3. 做一份好筆記的主要概念是什麼？
4. 什麼是「慣性思考」？
5. 如果你希望更有創造力，更擅長你所感興趣的某件事，你該怎麼做？
6. 什麼是移轉？

7. 為什麼工作記憶欠佳，反而能幫助你看見別人忽略的優美和單純化，而且讓你更有創造力？

8. 以某個科目或某種技能為例，說明「遲鈍的學習者」在學習上能和「敏捷的學習者」一樣好，即便他們可能得多花一點時間。

（完成後，比對你的答案和書末的解答。）

已經完成圖畫散步、回答了章末的問題，並且準備好下一章的筆記本？❏

15 如何考出好成績

我得先聲明，如果你跳過本書的其他部分，直接進入這一章的內容，就無法獲得像讀完整本書那樣的好處。

你之所以讀這一章，是因為考試事關緊要，這是殘酷的現實。理想中，我們會去學很多東西，純粹因為它們有趣，而且我們真的想認識它們。接受教育的意義絕不只是為了通過考試，但考試是你向自己（及別人）證明你已經學好某件事情的重要成分。不管是從學校進入大學，或是從大學進入職場，考試往往成為人生中重要的踏腳石。

說實在的，考試甚至可能是好玩的！

研究顯示，考試是協助你學習最好的方式之一。你在一個小時考試裡所學到的東西，比唸一個小時的書收穫還多。[1]（考試期間，我們拼命回想關於答案的蛛絲馬跡，但當我們只是用功讀書時，肯定不會這麼努力。）

還記得我們談過「回想」的重要性？當你從長期記憶中拉出某個事物時，就會牽連到這些腦連結。我們知道回想可以強化學習，因為這等於你給自己出題的小考。當我還是一名年輕教授時，我從工程學老師費爾德（Richard Felder）那兒獲益良多。費爾德博士教我許多把書教好的道理，他想幫助每個學生都能夠順利學習。

以下是一份考前準備檢核表，類似費爾德博士為了讓學生考試得高分而擬定的表單。[2] 如何利用這份檢核表呢？你只需要做到能對大部分的問題回答「是」。

考前準備檢核表*

只有常常做到，才能回答「是」喔：

1. 你在考試前一晚的睡眠足夠嗎？（如果你的答案是「否」，那麼其他問題的答案可

* 從 https:// barbaraoakley.com/books /learning-how-to-learn 可以下載到這份清單。

能就不重要了。）

❑是　❑否

2. 你在課堂上做完筆記之後會儘快復習嗎？在復習時，你有運用「積極回想」的技巧，測試自己能否記得重點嗎？

❑是　❑否

3. 平常你有每天用功讀一點書，而不是等到考前最後一刻才臨時抱佛腳嗎？

❑是　❑否

4. 讀書時，你有全神貫注，避免分心嗎？（休息時間例外）

❑是　❑否

5. 你有換不一樣的地方唸書嗎？

❑是　❑否

6. 你是否會仔細閱讀課本或參考書？（只是搜尋你正在解決的問題答案不算數。）當你閱讀時，你是否避免在課本上劃太多底線和做重點提示？你是否會對重要概念做簡單的筆記，並且不時移開視線，看看能否加以回想？

❑是　❑否

7. 如果你的作業中有問題要解決，你是否靠自己的力量去解題，使這些步驟能組織成腦連結，需要時可以快速想起？

❏是　❏否

8. 你是否和同學一起討論作業中遇到的問題，或者，至少你會跟同學對一下答案？

❏是　❏否

9. 你是否主動練習過每一道作業題？

❏是　❏否

10. 當你看不懂課本的內容時，你是否會請教老師，或者找其他同學來幫助你理解？

❏是　❏否

11. 你是否花了大量時間專注在你覺得較困難的部分？換句話說，你是否刻意練習？

❏是　❏否

12. 你是否「交錯」學習？換句話說，你有沒有練習在什麼時候運用不同的技巧來解題？

❏是　❏否

13. 你是否會用有趣的比喻和圖象，向自己或別人解釋重要的概念？

❏是　❏否

14. 你在學習過程中，有沒有偶爾休息一下，例如站起來，活動一下身體？

❏是　❏否

總共：＿＿＿＿是＿＿＿＿否

回答越多「是」，代表你的考前準備越充分。如果你有三個或更多的「否」，你要認真考慮改變準備考試的方式。

硬啟動技巧：學習何時斷開

多年來，學生們一直被告知，考試作答時要從最簡單的問題開始處理。但是神經科學說，這不是個好主意。（除非你完全沒唸書，那麼你當然應該盡量拿下你能獲得的簡單分數！）

開始考試時，以下是你該做的事：首先，迅速瀏覽一遍考題，在你認為最難的題目旁做上小小的記號。然後挑一個難題開始解決。是的，沒錯，先處理困難的問題。（先吃你的青蛙！）在這個題目上花個一兩分鐘——直到你覺得卡住為止。一旦你覺得卡住了，就跳開，尋找比較簡單的題目來增強自信心。重複同樣的程序，或許接下來再找另一題來解決。

然後，再回到剛才覺得困難的題目上，這次你可能會有些進展。這是怎麼回事？「硬啟動」技巧讓你將大腦當作某種雙核處理器來使用。你一放下對困難問題的專注，發散模式就會立即接管它。當專注模式在處理較簡單的問題時，發散模式便在背景中運作，處理其他較困難的題目。如果你等到考試時間都快結束了才專注於最困難的問題，你的專注會阻止發散模式運作。

你也可以將這個硬啟動技巧運用在寫作業上。寫作業時，常見的錯誤是從困難的問題先下手，然後持續處理太久的時間，而沒有任何進展。你應該花點功夫去解題，遇到一些挫折並不礙事，但如果這個挫折持續太久，你就需要打住！你可能會問：在一個問題上停留多長時間才算是太久？或許五至十分鐘，取決於科目和你的年齡。

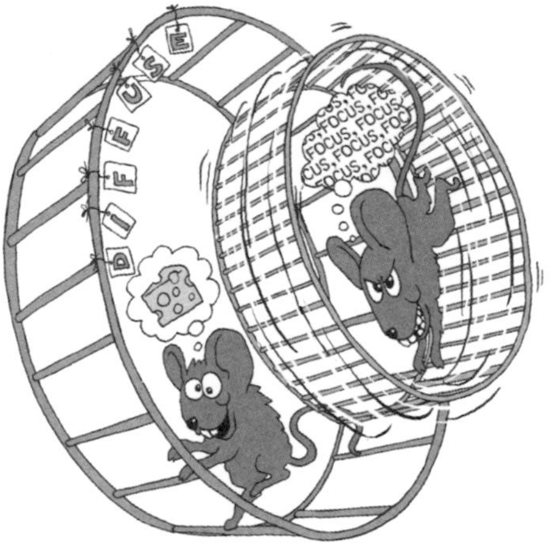

硬啟動技巧適用於考試和寫作業，因為它讓你可以更有效率地運用大腦的兩種模式，還給你寶貴的機會練習「斷開」，以及接著處理你能解決的問題。斷開可能是學生面對考試時最大的挑戰之一，那可以確保你不會剩下許多你原本可以解決的容易問題，但時間卻用光了。

一旦發現自己在考試中卡住，你應該比做作業被卡住時更迅速地斷開。一般原則是，考試時，如果你被某一題卡住超過一兩分鐘，就馬上改做別的題目！

考試壓力是最好的壓力?!

研究顯示，在考前幾週，如果你越常練習積極回想的技巧，應考時壓力就越小。[3]因此，如果考試對你造成壓力，你就更需要在復習時練習去回想。

讓我們面對一個事實：當你坐下來應考，你很容易感受到壓力。你的掌心冒汗、心跳加速，腹中產生焦慮感。這些情況是因為在你面對壓力時，身體會釋放出化學物質。出乎意料的是，這些緊張感能幫助你考得更好。[4]當你注意到焦慮感開始出現，請試著轉換觀點，不要去想「考試讓我緊張」，不妨這樣想：「這場考試激勵我全力以赴！」[5]

當你覺得緊張時，你往往會用胸部上端呼吸。*6 這種「淺」呼吸無法供應你足夠的氧氣。你會開始感覺到與其他考試無關的恐慌，其實你只不過是沒有獲得足夠的氧氣！如果你很容易在考前緊張，練習深呼吸會有幫助。做深呼吸時，將一隻手放在腹部。吸氣時，腹部會鼓起，如下圖所示。試著想像你的呼吸也擴展了你的背部，彷彿你有一張船帆。在考前幾天練習深呼吸，讓自己習慣。側身站在鏡子面前，嘗試這個動作大約三十秒。

* 淺呼吸似乎是個壞主意。那麼，為什麼人們緊張時會不由自主這麼做？這與眼睛是天生的動作偵測器有關。動物有時藉由靜止不動來避開偵測，即使牠正處於顯眼之處。淺呼吸或甚至暫時屏息，有助於動物或人類盡可能保持不動。下次當你指出一隻鳥或動物給朋友看時，注意朋友的反應。即便你的手精準地指出指引視線的位置，對方往往還是看不見，直到這隻動物突然動了起來。

淺呼吸的部位是胸部頂端，而深呼吸的部位是胸部下半。深呼吸有助於減輕恐慌感。

讓你考試過關的最後建議

請留意別落入「慣性思考」的陷阱。一旦你寫出問題的解答，很容易以為它一定是對的。所以當你已經檢查過一遍試卷（如果你有時間的話），設法哄騙你的心智以全新的眼光再檢查一次。瞇著眼睛看或者移開視線，試著讓自己暫時進入發散模式。以不同於作答的順序來檢查答案，並且問自己：「這個答案合理嗎？」如果你剛才計算出需要百億加侖的水來填滿你教室裡的水族箱，那麼你的答案肯定是出了什麼差錯！

有時候就算你很努力，考試結果就是不如人意。然而，如果你用心準備，幸運女神一定會眷顧你的。

停下來回想

這一章的主要觀點是什麼？讀完這一章之後，你如何改變以往準備考試的方式？完成後在方框中打勾：❑

總結

- 利用**考前準備檢核表**，為每一場考試做妥善的準備。
- 運用**硬啟動技巧**。如果你已經為了考試而努力用功了，一開始作答時，要記得先解決困難的題目。一旦卡住了，就馬上停手，轉而解決另一個比較容易的題目。你可以稍後再回頭處理這個困難的題目。相較於考試沒剩多少時間了才處理困難的題目，在考試一開始就先解決困難的問題，才是更聰明的作法。
- 感覺興奮或緊張時，身體會釋出化學物質。**你如何詮釋你的感覺，會對你產生截然不同的影響**。如果你願意轉換想法，從「考試讓我害怕」變成「考試激勵我全力以赴！」絕對可以提升你的表現力。
- 如果在考前或考試中感到恐慌，記得做幾次**腹式深呼吸**。
- **考試時容易犯錯**。大腦可能哄騙你相信筆下的答案是正確的。這表示只要還有時間，你應該瞇著眼睛查看、轉移注意力，然後利用從大局著眼的觀點再次確認答案，並且問自己：「這真的合理嗎？」試著以不同於作答的順序重視檢視答案。
- 無論如何，務必在考前盡可能獲得充分的**睡眠**。

換你試試看

為自己出考題

為考試做好準備的辦法之一，就是像老師一樣的思考。擬定一些你認為老師可能會出的題目，也許可以和同學一起練習。你會訝異於你的題目和你同學出的題目吻合程度是多麼高。你甚至會驚訝地發現，你擬定的試題竟然大量出現在考試中！

小測驗練習

1. 應考前最重要的準備步驟是什麼？（提示：如果你不採取這個步驟，其他事可能都不重要了。）
2. 當你運用硬啟動技巧，怎麼知道什麼時候應該將某個困難的考題放到一旁？

7. 如果你在考試前感到恐慌，舉出兩個能讓自己鎮定下來的技巧。

8. 你可以運用什麼樣的心理機制，在交卷前糾出錯誤的答案？

（完成後，比對你的答案和書末的解答。）

已經完成圖畫散步，
並且準備好下一章的
筆記本？ ❑

16 從被動到主動

還記得聖地牙哥·拉蒙·卡哈嗎？那個成為神經科學家的「壞孩子」？我們說過，他並不是個天才，但他最後贏得了諾貝爾獎。如同前文提到的，有時聖地牙哥覺得很挫折，因為他既不是一個敏捷的學習者，記憶力也不大好。還好，他發現自己擁有一些優勢，這些優勢可以讓他表現得甚至比天才還要傑出。這些優勢是什麼？*

我們很快會聊到聖地牙哥的優勢。同時，恭喜你，你已經完成學習的發現之旅，這些發現會一定會對你往後的學習生涯提供不少的幫助。我猜你也忍受了一堆莫名其妙的比喻，如四隻手的章魚、打彈珠的殭屍、頭腦森林裡的老鼠、腦連結、突觸吸塵

---

* 如果你確實是天才，你還能想辦法運用聖地牙哥的一些方法嗎？

器等……抱歉，這是標準的卡通頻道！

所以，幹得好！你已經將想像力發揮在學習某種具有挑戰性的學科，我希望這些比喻全都幫得上忙。

在這一章中，我要重述本書的主要課題，畢竟你現在已經明白「重複」是學習的重要關鍵。但首先，我要問你一個重要問題：這有什麼意義？真的，我說真的，學東西有什麼意義？為什麼要這麼大費周章？從某個觀點來看，人類只不過是難以想像的無垠宇宙中、一塊岩石上的微粒。

在你繼續讀下去之前，我希望你嘗試回答這個問題：學東西有什麼意義？請你盡可能想出不同的答案。鎖定五個理由，給自己一些時間思考。找個人向他說明你的想法，

我們是標準的卡通頻道！

並且聽聽對方怎麼說。或者，你可以將想法寫下來，至少得在腦中把答案想清楚。接下來，看看別人提出的想法。以下是許多人提出有關學習的「意義」：

- 我必須學習，不然我爸媽不讓我出去玩。
- 我必須學習，不然老師會將我留校察看。
- 我必須學習，因為法律這麼規定。
- 我必須學習，這樣才能畢業、上大學和找到工作。
- 我必須學習，這樣才有遠大的前途和發展方向。
- 我要學習，這樣才能繼續追隨我的熱情。
- 我要學習，這樣才能發現宇宙的更多秘密。
- 我要學習，這樣才能發揮更多驚人的潛能。
- 我要學習，這樣才能幫助人們解決世界的一些問題。
- 我要學習，因為我是個充滿好奇心的人。

當然，還有其他可能的答案。但某種程度上，以上答案全部是真的。

你有沒有注意到，這份清單在列到一半的地方，我把「我必須學習」換成「我要學習」。如此一來，學習從一種義務（別無選擇的事）變成一種特權，也就是說，這是一件我因為很幸運並且有條件，才能去做的事。其實，兩者皆是。如果你不寫作業，你會被留校察看，所以除非你喜歡留校察看，否則那是督促你做作業的有效動機，但並非是激勵你用功的原因。當你看出讓你樂於學習的積極動機，而非只為了避免處罰，那麼，你的學習成效就會好得多。

我們發現自己身處某個特定的時空中、這個稱作「地球」的神秘岩塊上。在我們的頭顱裡（很可能）裝著宇宙間最先進的技術。（除非有外星人存在，而且他們擁有比你我更加非凡的智力——這種情況會讓研究外星人變得相當有意思！）如果我們不善用雙耳之間這項驚人的工具，就等於愚蠢地浪費了這段生活在地球上的時間。

如果你年紀輕輕就學會有效學習的技

能夠學習是一件幸運的事！

巧，那麼你就有長長的餘生可以享受學習帶來的好處。世界上有很多地方的孩童完全沒有書本、電腦或老師，我們應該為這些無法上學的人充分利用我們擁有的機會。我想鼓勵你為了上述及更多理由學習，畢竟就像泰瑞說的，你說不準你的知識什麼時候會派上用場。

學會如何學習，你就能追隨你的熱情。但是，不要僅僅追隨你的熱情去做事，就像我年輕時那樣。你有許多東西可以學，它們會為你打開意想不到的世界。拓展你的熱情，學習和享受那些你原本以為學不來的科目，這樣在往後的人生中，無論面臨什麼處境，都會有較好的立足點。世界正在快速改變，而且越變越快，學會如何學習，是你所能具備最好的能力之一。

學習時該做和不該做的事

現在回到本書的主要課題。

你知道「回想」是學習的最佳方法之一。所以本章中，我給你的第二個挑戰，是看看你能否列出這一章中介紹的主要課題，包括幫助你學習的概念，以及學習時必須避開的陷阱。

你從書裡學到的頭五個最喜歡的概念是什麼？在想出來之前別偷看書本！如果你得絞盡腦汁才想出來，不用擔心，那是因為你的注意力章魚尚未經常抓取這些腦連結，所以你還在習慣中。如果你列出的清單跟我的不一樣，也不用擔心，你能舉出一些相同的基本概念，那才是重要的。*以下，我列出這本書中可以幫助你學習的重要概念：

1. 利用高強度的**專注**模式和放鬆的**發散**模式。一旦你在學習過程中感到挫折，那就到了改換主題的時候了。或者，趕快起身活動一下筋骨！
2. 藉由練習、重複和回想來創造**腦連結組**。練習重要的習題，好讓你能輕易地回想起每個步驟。解決的方法、概念和技巧應該像一首歌一樣，在你腦中順暢地流動。
3. **交錯**。不要只運用相同的基本技巧，持續做變化微小的練習。要在不同技巧之間來回切換。這能讓你看出什麼時候應該用什麼技巧。書本通常無法幫助你進行交錯，你必須靠自己在不同篇章之間練習來回跳躍。

---

* 你可以在 https://barbaraoakley.com/books/learning-how-to-learn 這個網頁找到「幫助你學習的十個重要概念和十個應該避免的陷阱」清單。

4. **分散學習**。至少在好幾段時間內進行練習，這讓你可以有時間形成新的突觸。

5. **做運動！**運動可以餵養神經元，讓你長出更強壯的新突觸。

6. **自我測試**。接受測試，以及去**教導別人**，都涉及了回想的技巧。測試和回想是強化學習的最佳方式。

7. 利用**好玩的圖象和比喻**來加速學習。運用記憶宮殿。

8. 利用**番茄鐘工作法**建立專注和放鬆的能力。關閉所有會讓你分心的事物，設定計時器至二十五分鐘，保持專注，然後記得獎賞自己。

9. **先吃青蛙**。從最困難的任務著手，確保可以完成任務，或者在休息或斷開時，讓發散模式在背後默默幫助你。

10. **在平常上課之餘，找到積極學習的方式**。從線上搜尋其他的解釋、閱讀其他書籍、加入社團。如果找不到令你感興趣的社團，也許自己來成立一個社群。

以下是學習時應該避開的十個陷阱：

1. **沒有充足的睡眠**。睡眠可以讓你的腦連結更加強固，沖掉腦中的毒素。如果你在考前沒有一夜好眠，你所有的努力都變得無關緊要了。

2. **消極的反覆閱讀**。你需要練習「積極回想」的技巧，不要光用眼睛掃視相同的內容。

3. **做重點標記或劃底線**。別傻了，光憑一堆重點標記或劃底線，不會讓你記住任何內容。要針對你正在閱讀的重要概念做簡短的筆記，將它寫在頁邊空白處或者紙上，這些筆記才會幫助你形成關鍵概念的腦連結。

4. **看一眼問題的解答，就以為瞭解了**。你需要親自去解答那些問題。

5. **惡補填塞**。考前最後一刻才匆匆死記硬背，無法建立牢固的腦連結。

6. **懶惰的學習**。別光練習你覺得容易的東西，那就好像藉由專注於運球來學習打籃球。應該要「刻意練習」，專注於你認為最困難的部分。

7. **忽略課本**。如果你要開始用功唸書了，記得先做一次全書的圖畫散步，或者瀏覽課程筆記。在設法解決問題之前，先讀一讀如何處理問題！

8. **沒搞清楚困惑的部分**。有沒有一些問題剛好是你所不理解的？很可能這些正是考試會出現的題目。記得向老師或同學請教。

9. **分心**。讀書時慎選能讓你用心專注的場所。把手機關機並且遠離它，通常是個好主意。

10. **和朋友聊天，而非一起用功**。好的學習社群可以幫助你學習。但是那些聚在一起聊天而非一起讀書的「學習小組」，則沒有太大用處。

換你試試看

你來當老師

為了幫助你學得更好，泰瑞、艾爾和我在書中跟你分享我們所知的一切。現在輪到你了。請分享你透過這本書發現的東西。你可以跟你的朋友、兄弟姊妹或學校裡比較年幼的學生分享。（年紀小的學生喜歡向較年長的學生學習。）你甚至可以和父母、老師分享，告訴他們艾爾學化學這個激勵人心的故事！

畫圖、編造好玩的故事、討論記憶宮殿技巧、說明神經元和腦連結是怎麼回事，以及它們為什麼重要。記得，每個人都有學習困境，希望你已經找到克服的方法。另外，藉由教導別人，你會記得更牢固。而且在教別人的過程中，你也會樂在其中。你可以成為老師，並且幫助別人喔！

與人分享你的所學，這是學習過程中最棒的部分！

回到聖地牙哥的故事

聖地牙哥的神經元研究，使他獲得重大的發現：關於天才及表面上看似平凡的人的共通性。聖地牙哥承認自己不是個天才，那麼他的神奇力量是怎麼回事？為什麼他能成功，並且獲得連天才都難以企及的重大成就？重要的原因有三個。

首先，聖地牙哥保持開放的心態。他起初熱愛藝術，而且從未放棄，他只是在決定要學哪些學科時，將新事物加入他的生活中。漸漸地，科學也變成他的嗜好，因為聖地牙哥在兩個迥異的領域都培養出優秀的能力，並因此贏得了諾貝爾獎。他找到方法保有他鍾愛的藝術，並且將之應用到科學中。[1]

所以，你長大後也要學聖地牙哥，不要將你的選項過度窄化。這個世界變得越來越複雜，需要擁有更寬廣的興趣和技能的人才。深入學習某個主題是件好事，但還得設法擴展你的嗜好。如果你偏愛數學，不妨就學點跟藝術、音樂和文學相關的東西；如果你對藝術、音樂或文學很有感覺，就學點數學和科學吧！你不需要變成一個超級明星，你只是為了打開一扇能助你一臂之力的窗。一再復習是值得的，因為說不定你學的東西哪天就會派上用場。

第二，**聖地牙哥堅持不懈，做他想做的事。**當聖地牙哥決定學數學，他回到基礎慢慢努力推進。雖然經歷許多困難，他仍然持續不輟。一旦他決心要弄清某個問題，就會堅持到底。堅持是學習最重要的部分，但記得，堅持，不代表不間斷地一直做著某件事，而是在發散模式休息之後，持續返回你的工作！

第三，**聖地牙哥的思考有彈性。**聰明絕頂的學習者可能習慣認為自己是對的，這種感覺很舒服，也容易上癮。[2] 聖地牙哥發現有些聰明絕頂的學習者會遽下結論（畢竟他們擁有「賽車」腦），但如果他們的結論是錯的，他們很難去承認，甚至刻意避免去驗證他們是否錯了。這種感覺比承認錯了更舒服，因此他們可能落入了自以為是的「慣性思考」。

聖地牙哥不是天才，他必須大量練習，以便修正錯誤。後來當他成為一名科學家，

這世界需要能夠結合不同領域才能的人才！

他更是積極地想方設法來判斷他的想法是對或錯，錯了就加以修正。這種態度讓他得以產生那些富有創造性的洞見，從而贏得諾貝爾獎。

我們並非都需要或想要贏得諾貝爾獎，但我們可以從聖地牙哥身上學到寶貴的經驗。學習的重要成份之一，就是能夠承認錯誤，以及靈活地改變想法。如果你學會這點，就有潛力做出比最聰明的天才更多的貢獻。

不過，我們絕大多數的人都不是天才，沒有關係，你仍然可以為世界做出貢獻。無論是否夠聰明，都能運用書裡的策略，為自己和別人開啟一扇門。有時候，學習的旅程看似孤獨，卻絕不孤單。只要開啟心眼，你會看見泰瑞、艾爾和我在你的心智鼠徑旁邊陪著你往前邁進，在你學習時為你加油打氣。我希望這本書向你介紹了令人驚奇的研究巨擘，幫助你過著快樂而有意義的人生，讓你的生活充滿發現的喜悅。

祝福你的學習之旅一帆風順。別忘了：幸運女神會眷顧努力嘗試的人！

【小測驗練習】解答

第二章：慢慢來

1. 處於專注模式之中，意思就是你對某件事物投入全部的注意力。
2. 發散模式是放任你的心思自由地遊走，不特別專注於任何事物。你最喜愛的發散模式活動，由你自己來決定。
3. 彈珠檯遊戲可以幫助我們瞭解大腦運作的方式。我們腦袋裡有兩種彈珠檯：第一種檯面上的橡膠緩衝器分布得很緊密，密集的布局就像處於專注模式中所展現的思考方式。另一個檯面上的緩衝器則分佈得很鬆散，這就像處於發散模式，思維有更加廣闊的漫遊範圍。這時，如果你不利用擋板來保持專注，思維彈珠可能會落入專注桌檯的洞口，而掉進發散桌檯！
4. 以下是其他可用作專注模式和發散模式的比喻：[1]

◎在足球比賽中：

- 看起來像場上裁判的，就是專注模式。

●看起來像球賽播報員的，則屬於發散模式。

◎在 Google 地圖上：

●放大細看地圖就是專注模式。

●縮小地圖以便觀看全局，就是發散模式。

在查找某一條路線或某個地區時，你必須不斷地縮放地圖的畫面，才能找到你要找的路。

◎在花園裡：

●專注模式就像在晚冬時節，細心地算好間隔，播撒種籽。

●發散模式則是春天來臨時，因為天氣、鳥和昆蟲帶來新的刺激，花園裡出現意外的驚喜。

5. 當你在解答一道數學或科學題時，被題目卡住可能有兩種情況。一種是你在解題前不夠仔細地研讀解題的技巧。如果是這樣，你得回到書本或筆記，弄清楚這些基礎知識。第二，你已經很努力地專注於基礎材料了，但你被卡住時，沒有讓自己暫時脫離一下。當你被卡住時，休息有助於讓發散模式在背景心智中運作，即使你自己沒有察覺。

6. 要改變哪一種讀書習慣，由你自己來決定。

第三章：我待會兒就做，真的！

1. 拖延的意思是，推遲某件你應該立刻去做的事。
2. 拖延的毛病，會害你把應該花在學習上的時間通通用光，妨礙你的學習；而且拖延之後，還得花力氣去擔心隨之而來的後果，你會陷入百害而無一利的局面。
3. 一想到我們不喜歡或不想做的事，確實會激擾大腦中的島葉皮質，造成疼痛感。為了消除痛苦，我們可以切換注意力到愉快的事物上，讓腦中的疼痛感立即消失。但是這樣一來，我們只是在拖延時間。
4. 怎麼解釋「番茄鐘工作法」給別人聽，你來試試看。
5. 獎賞是整個「番茄鐘工作法」中最重要的部分。
6. 在實施番茄鐘工作法的間隔空檔，要盡量從事用到不同腦部位的活動。如果你剛剛在寫報告，就不要在臉書上貼文。最好的休息方式是起身活動一下。
7. 如果你在實施番茄鐘工作法期間碰巧完成了某個任務，那很好。不過重點不在於完成任務，而是在二十五分鐘內，盡可能專注於你的任務。
8. 殭屍模式可以大幅節省你的精力，但將它運用在思考每件事情上，就是錯誤地運用腦力。

9. 儘管殭屍模式可以節省精力，卻可能讓你陷入壞習慣。例如選擇去做某件較愉快的事，而非應該要完成的事。換句話說，殭屍模式會導致拖延的毛病。

10. 食砷者對吃砷已經習慣了，所以沒有察覺砷正在傷害他們的身體。同樣的，我們也可能習慣性地去拖延時間，不明白那對我們會造成多大的損害。

11. 「積極回想」是指從腦中拉出重要的資訊，而不是靠看書或看筆記來獲得資訊。回想的方式是讀完這一頁，然後移開視線，看看能否回想起這一頁的重點。

第四章：腦連結與太空異形

1. 神經元傳送給其他神經元的信號，構成你的思維。

2. 你可以自己畫畫看。

3. 軸突會電擊樹突棘。也就是說，信號從某個神經元的軸突傳送到下一個神經元的樹突棘。

4. 當某一個比喻沒有辦法發揮效果時，你必須另外想出新的比喻來理解。

5. 相較於現代的技術，一九〇〇年代初期的顯微鏡效能不佳。當時的科學家認為大腦內部是一個相互連結的大型網絡，因為神經元彼此靠得很近，看不出其間有微小的間隔——突觸間隙。

6. 腦連結組是透過重複運用突觸連結而串連起來的神經元。腦連結要靠學習新的事物和反覆練習才會形成。

7. 老鼠沿著森林通道奔跑，就像思維沿著神經元和突觸行進。老鼠越常沿著通道奔跑，通道就會變得越深越寬。同樣的，你經常思考某個概念，神經通道也會變得又粗又寬，讓腦連結更加穩固。

8. 當你學一種新的東西，大腦會形成新的連結／突觸／樹突棘組。（以上答案都對。）

第六章：邊睡邊學

1. 一提到學習，睡眠是很重要的關鍵，因為新的樹突棘及突觸是在睡眠期間才能真正地萌發，成長茁壯。而且，你的心智也會在睡眠期間排練你所學到的資訊，排練的過程中發出的電信號，是樹突棘和突觸連結變得迅速的原因之一。

2. 樹突棘就像是一個測謊器，因為新的樹突棘及突觸只有在你真正專注於學習時才會生長，所以它們能辨識你是否真的全心全意的專心學習！

3. 當你練習新學到的概念時，彼此相關的突觸就會變得強大。

4. 將學習分散於幾天之內進行，你會有更多的時間形成樹突棘和突觸連結，神經構造也會更強固。
5. 試試看該怎麼解釋。
6. 由你決定。

第七章：書包、置物櫃和注意力章魚

1. 工作記憶就像你的書包，它就在手邊，拿取東西很方便，但是只能容納有限的資訊。
2. 注意力章魚（工作記憶）「住」在你的前額葉皮質。
3. 一般人的工作記憶通常能抓住約四項資訊。然而，有些人能記住超過四項資訊，有些人則記住得更少。
4. 長期記憶就像一個置物櫃，能容納更多的「東西」。事實上，因為它能裝入太多東西，所以有時會很難找到某個特定資訊！
5. 長期記憶散布在大腦的各個部位。

第八章：強化記憶

1. 培養更好的長期記憶是絕對可行的。（但目前我們還不知道如何改善短期記憶。）為了增進長期記憶力，你可以利用尼爾森·德利告訴你的五個記憶秘訣：專注、練習、圖象、儲存和回想。你也可以利用記憶宮殿技巧、歌曲、比喻、做筆記、教導別人等方法，或將自己置於你想要記住或瞭解的事物情境之中，來提升長期記憶力。

2. 「記憶宮殿」技巧就是想像某個你所熟悉的地方，如你的家裡、去學校的路或者你居住的城市或國家的地圖，然後讓這些印象深刻的意象和你希望記住的事實產生關聯。接下來，將它們放在你的記憶宮殿中各處熟悉的地方。最後，練習回想這些意象，以及它們代表的意義。

3. 大腦用兩種不同的方式將資訊儲存於長期記憶。事實很難儲存，但是圖象很容易儲存。

4. 為了牢牢記住某個意象，你要使它顯得古怪和易於記憶，再加上一些動作。例如金剛（King Kong）在壺罐（pot）上搖呼拉圈，或許能讓你更輕鬆記得代表鉀元素（potassium）的縮略字母是K。

第九章：腦連結

1. 腦連結很重要，它們讓你可以更快速地處理資訊，因此你的注意力章魚不需要做全部的工作。
2. 「注意力章魚」用來比喻你的注意力和工作記憶系統。注意力章魚只有四隻手臂，只能抓住分量有限的資訊。牠能將手臂伸進長期記憶，直接取用資訊給工作記憶。
3. 穿衣服是說明腦連結程序的好例子。當你第一次學著自己穿衣服，可能要花上五分鐘或更長的時間（或許你會發現「哎呀，襯衫穿反了！」）。但是現在你已經抓到「如何穿衣服」的腦連結，所以一下子就搞定了。另外，你也許很徹底地瞭解某個代數題，因此能夠清楚地回想解題的每個步驟。你也許能舉出更多將技能、技巧和概念連結到運動、手工藝、數學、科學、舞蹈、語言和其他領域的例子。即便只是辨識出字母「A」的簡單能力，也是一組腦連結，而辨識單字「cat」則是一組更大的連結。
4. 電視或其他背景的噪音會使你的注意力章魚分心，佔用掉牠的一隻或更多手臂，讓你無法充分利用工作記憶。
5. 你應該避免任務切換，這會讓注意力章魚產生額外的工作負擔。例如說，你的章魚可能正在處理某個腦連結組，結果牠不得不切換到另一個腦連結組，然後再回到前一個。這種事情十分累人！

6. 做功課時，請將手機放在你看不見的地方。如果你不停瞄著手機的動靜，你就得暫時丟下你的腦連結，然後又必須重新拾起。此外，你可以利用手機軟體進行番茄鐘工作法，藉此和你的手機交朋友。

7. 不，光是瞭解某個概念，並不足以形成腦連結組。你必須不斷練習這個新概念，才能創造出腦連結組。理解與練習要並行，練習得越多，越能瞭解你所學的東西。

8. 如果發展出一整個腦連結圖書館，就能在各種領域成為專家。

9. 如果我置身火場，亟待救援，我會挑選真的從著火建築物中救過人的消防員來救我。救火是分秒必爭的危險任務，消防員必須能對紛亂的險境迅速出做出適切的反應。他們需要歷經大量練習、就算處在高壓環境也能召喚出來的腦連結組。這種連結組沒辦法光憑在一旁觀摩就可以生成。

第十一章：鍛練大腦

1. 海馬迴在幫助記憶事件和事實方面非常重要。

2. 你的大腦就像一支籃球隊，每年都有新的隊員加入，有舊的隊員離開。新的隊員會學習新的技術。同樣的，每天都有新的神經元在海馬迴生成，幫助你學習新的技術。

3. 在大腦中添加腦源性神經營養因子，樹突棘就會長得又高又壯。

4. 運動可以發揮以下功用：

- 幫助大腦產生腦源性神經營養因子，那是幫助神經元生長的肥料。
- 提升理解力、讓你清晰地做出決定，並且培養專注力。
- 幫助你切換任務。
- 幫助你從心理疾病中康復。
- 釋放讓你可以獲得新點子的化學物質。

5. 洋蔥和捲心菜一族的蔬菜、各色水果、黑巧克力和堅果，都是健康飲食的首選。

第十二章：形成腦連結

1. 拼圖可以用來比喻我們怎麼拼湊出概念，因為每一塊拼圖都像一個腦連結組。不斷練習養成這些腦連結組，就能顯現出這片拼圖的畫面。等我們有足夠拼圖可以拼出完整的樣貌，就成了專家！

2. 交錯學習就像隨機洗牌，因為每張牌都可能出現在你面前，所以當你用交錯的方式復習某個學科，你就能為任何情況做好準備。而且在你考試時，你也更能掌握那些意料之外的考題。

3.「懶惰的學習」意思是，只練習對你而言容易，或是你已經學會的東西。

4. 超人會告訴我，我的學習絕不可能有重大的進展！

5. 有助於研讀數學、科學和其他抽象科目的建議是：首先，找個問題，然後親自解決那個問題，次數多到足以使它像一首歌曲那樣順暢地流淌過你的腦中。

第十三章：問自己重要的問題

1. 大聲播放有歌詞的音樂，可能會讓你在唸書時分心。但是有些人也發現，音量小而且沒有歌詞的音樂，對唸書很有幫助。每個人有各自喜歡的音樂類型，還有些人根本不喜歡聽音樂。所以唸書時應不應該聽音樂，視你的狀況而定。

2. 如果你經常在某個固定的地方K書，卻在另一個地方考試，你的注意力章魚在抓取資訊時就會感到困惑。如果你經常在不同的地方唸書，那麼考試時無論你身在何處，注意力章魚都會習慣於去抓住你腦中的連結。

3. 如果你認為你只擅長透過聆聽（聽覺）來學習，那麼你很可能會避開其他的學習方式，例如視覺。這可能造成整體學習上的困難。事實上，運用多種感官來學習，才能達到最好的成效。

4. 你可以看見這個方程式，也可以大聲唸出這個方程式。如此一來，你能聽見它，也能感覺到你從嘴裡發出的聲音。試著將雙手往兩側伸展，想像方程式的一邊在一隻手上，另一邊在另一隻手上。（感覺如何？這個方程式是否「保持平衡」？）看看你能否想像數學符號的具體意義。舉例來說，有時算乘法就像在推東西，所以如果你乘以較大的數字，就得推得更用力！

5. 當我們睡覺時腦細胞會收縮，讓腦液能夠沖掉毒素。

6. 「先吃青蛙」的意思是，選擇最困難的事先做。這讓你有時間暫時切換到其他的題目，因為一旦你卡住了，會需要從發散模式獲得有創意的助力。

7. 在你要開始用功唸書時，先設定好休息的時間，這樣能夠有效集中注意力。

第十四章：學習帶來的驚喜

1. 動作型和空間型電玩有助於增進思考能力。動作型電玩可以改善專注力和視力；

空間型電玩則能提升你靠想像來旋轉物體的能力。

2. 電玩的壞處在於可能會讓你上癮，所以玩的時候應該有所節制。

3. 做筆記的概念是，從你聽到的內容中，挑出重點記錄下來，以便復習和強化腦連結。手寫是做筆記的最好方式。你可以將筆記本上的頁面分成兩個部分，將一開始做的筆記寫在一側，稍後復習和回想重點時，則在另一側寫下更簡短的筆記。

4.「慣性思考」是指你的心思太過習慣於沿著已經變成慣例的心智通道前進。這麼一來，你的思維會變得比較沒有彈性。

5. 為了培養創造力，以及更加嫻熟於你喜歡做的某件事，你應該花點時間去從事完全不同的學習。這能讓你保持心智的彈性，並且產生創意。利用比喻的技巧，你能將某科目的概念帶到另一個科目，就算這些科目的內容根本毫不相干！

6.「移轉」是運用你在某科目學到的概念，來幫助你學習另一種科目的能力。學習時想出適當的比喻，有助於完成這個過程。

7. 工作記憶不佳的人，代表他們的注意力章魚手臂數量少，很難抓住複雜的概念。他們必須花更多的時間去連結概念，才能處理它們，這讓他們得以看見其他可能被錯過、單純而優美的洞見和解決方案。再者，有些想法容易溜出注意力章魚的手臂，但當這些想法溜走，其他的想法也會跟著溜進來，讓他們更有創意。所以，在學習和連結資訊時，也許你的確必須比別人付出更多的努力，但這是很划算的交易喔！

8. 不管你的學習速度快或慢，最終你一定可以學好很多技能和科目。舉例來說，你或許要比別人花上更多的時間學騎單車，但最後還是能夠學會騎單車。你可能必須花更多的時間學乘法，但你最後照樣能順利運算乘法。你說不定得用兩倍（或更多）時間用功，才記得住植物的每一個部位名稱，但最後你還是會將它記住。

第十五章：如何考出好成績

1. 考試前最重要的，就是確保獲得一夜好眠！
2. 運用硬啟動技巧應考時，一旦卡住而且開始感到挫折，就應該跳開困難的問題。
3. 當你考試前感到越來越恐慌，不妨練習一下腹式深呼吸。還有，將「考試讓我害怕」的想法轉變成「考試激勵我全力以赴！」的想法。
4. 想在試卷上糾出錯誤的答案，你可以試著瞇起眼睛、轉移注意力，並且用從大局著眼的思考來仔細檢查。問問自己：「這個答案真的合理嗎？」試著以不同於作答的順序，再次檢查你的答案。

註釋

第二章：慢慢來

1. 恭喜你翻到這本書的最後來看看！這是第一條尾註。這本書裡大多數的尾註是提供給比較成熟的讀者參考，他們可能有興趣深入理解我們在書中提出的概念。我們無法提供每個概念的出處，因為這樣一來，尾註的份量會變得非常龐大。但是，我們可以提供一些我們認為比較重要和有趣的資料來源。一本嚴謹的研究著作通常附有註釋，讓讀者自行查閱概念背後的研究。有時也提供作者認為有趣、但多少是附屬主題的資訊。有時要決定是否將某些東西放進註腳或尾註會有些困難。如果你略過尾註不讀，也沒有關係。

書裡的第一條尾註提供更多關於專注模式的資訊。認知心理學家稱小型的專注模式網絡為「任務正網絡」（"task positive networks"）。名為邸新（Xin Di）和巴拉特・畢斯瓦爾（Bharat B. Biswal）的兩名科學家，於二〇一四年發表了一篇關於這個概念的論文。我以簡略的方式稱之為"Di and Biswal, 2014"，你可以在參考資料中找到完整的資訊。在本書中，對我們所謂的「發散」模式，神經科學家有不同的看法。有時研究人員認為這種模式由許多不同的神經休息狀態所構成（Moussa et al., 2012）。有時則認為這種模式是「預設模式網絡」的不同替代形式。參閱列在參考資料中出自 Kalina Christoff 及其共同作者的論文，查看當大腦放鬆時所使用到的不同腦部位（Christoff et al., 2016）。（請注意，我們時常用“et al.”來表示列出其他所有作者。）提醒：Christoff 的論文如同我們在尾註中推薦的許多論文，內容比較艱深。

2. 感謝 Joanna Łukasiak-Hołysz。

3. https://www.famousscientists.org/7great-examplesofscientific-discoveries- adeindreams/

4. 如圖示移動錢幣，你能不能想像怎麼讓新三角形的尖端朝下？

第三章：我待會兒就做，真的！

1. Karpicke and Blunt, 2011; Bird et al., 2015.
2. Smith et al., 2016。請注意，我們所謂的「積極回想」，在許多科學文獻中稱作「提取練習」。
3. Karpicke and Blunt, 2011.

第四章：腦連結與太空異形

1. Ramón y Cajal, 1937（reprint 1989）.
2. 是的，我們知道其中還涉及了神經傳導物質，但我們盡量讓理解上可以輕鬆一點，不讓讀者覺得太過艱深複雜。
3. 一般認為這句話最早出自一九四九年加拿大神經心理學家唐納德·赫布（Donald Hebb），但這句話只是快速總結了赫布的重要概念。任何一位神經科學家都會告訴你，赫布的理論要複雜多了。
4. 這本書中我們用了「腦連結組」這個說法，而將形成腦連結組的過程稱為「連結」。認知科學家則使用「組塊」一詞（chunk，參閱 Guida et al., 2013; Guida et al., 2012）。認知心理學家使用「心智表徵」來指稱類似的概念（參閱 Ericsson and Pool, 2016）。我們選擇稱作「腦連結」，是因為「組塊」這個用詞雖然已經在神經科學中確立，但可能令人產生困惑。（參閱 Gobet et al. 對這種混淆的討論。）另一方面，心智表徵並未具備腦「連結」一詞所提供的神經元連線的感覺。

5. 你練習得越勤，腦連結就越強固。實際過程遠比我們所呈現象徵性的腦連結組神經元的成雙配對複雜了許多。事實上，如果個別突觸的連結增加，會有更多突觸和神經元能夠加入連結組；一種稱作「髓鞘化」（myelination）的過程會發生，隔絕且有助於加速信號的傳送，從而展開其他程序。

6. Anacker and Hen, 2017.

7. 學習似乎也能刺激新神經元的形成。新神經元的形成和生長稱為「神經生成」（“neurogenesis”），這是現今神經科學十分熱門的領域，仍有許多事情有待研究。參閱 Anacker and Hen, 2017。我想提醒各位讀者，我們描繪的是重要過程的簡單圖象，而學習和記憶還涉及了許多其他的過程，可參閱 Gallistel and Matzel, 2013。

8. Anderson, 2014.

9. 有智慧比有錢更重要。人生就像一場戲，每個人扮演不同的角色，某種程度上都是在表演。

10. 感謝 Elena Benito 提供這段內容的創意（電子郵件通信，二〇一七年十一月）。

第六章：邊睡邊學

1. Yang et al., 2014.
2. Carpenter et al., 2012; Vlach and Sandhofer, 2012.
3. Karpicke and Bauernschmidt, 2011.

第七章：書包、置物櫃和注意力章魚

1. 研究記憶的書籍中，Baddeley 的著作 *Memory* 是寫得最好的一本。
2. Cowan, 2001。他的說法太專業了，在這裡我們用「四腳章魚」來比喻。
3. Qin et al., 2014.
4. Anguera et al., 2013.

第八章：強化記憶

1. 我們為進階學習者增加了這條註釋，讓他們深入理解大腦的運作方式。你或許想知道，語義與事件記憶在生物上的真正差異是什麼。我們現在頂多能告訴你，語義記憶似乎與額葉和顳葉皮質有關，而事件記憶一開始至少與海馬迴有關。但想要更瞭解記憶這個機制，仍有許多研究工作要做。
2. 你也可以在尼爾森製作的 YouTube 影片上找到訣竅：https://www.youtube.com/watch?v= bEx60e_45Q。
3. Ericsson, 2003; Maguire et al., 2003; Dresler et al., 2017.
4. Hunt and Thomas, 1999, p. 95.
5. Nelson Dellis 寫給芭芭拉·歐克莉的信，二〇一七年九月。

第九章：腦連結

1. 先前文章中我們提到，我們所謂的「腦連結組」，神經科學家有時稱之為「神經組塊」，而認知心理學家稱作「心智表徵」。
2. 長期記憶潛存於大腦許多不同網絡的組織中。感覺輸入或來自其他腦部位的輸入能以電氣和生化方式啟動神經元子集，所以當我們說「連結」時，事實上是「激發使之活躍」的意思。

3. Rittle-Johnson et al., 2015.

4. 有關這方面更詳細的探討，請參閱《大腦喜歡這樣學》及書中的尾註。

5. Partnoy, 2012, p. 73。Partnoy 接著提到：「有時瞭解我們在無意識狀態下確實會做的事，可能毀掉天生的自發性。如果我們過度擁有自我意識，那麼在有必要時，會妨礙我們的本能。然而，如果我們完全沒有自我意識，則絕對無法提升我們的本能。這幾秒鐘之內的挑戰在於能意識到影響我們決定的因素……但又不能過度意識，以免它們變得造作而無效。」（p.111）

6. Guskey, 2007.

7. Sweller et al., 2011.

8. Shenhav et al., 2017; van der Schuur et al., 2015.

9. 感謝 Elena Benito 提供這段內容的點子（電子郵件通信，二〇一七年十一月）。

第十一章：鍛練大腦

1. Van Praag et al., 1999.
2. Szuhany et al., 2015.
3. Lu et al., 2013.
4. Van Praag, 2009.
5. Lin and Kuo, 2013.

第十二章：形成腦連結

1. Thurston, 1990, pp. 846–847.
2. Ericsson, 2006.
3. Butler, 2010。Roediger and Pyc, 2012 和 Dunlosky et al., 2013 這兩篇出色的論文涉及了對學生而言似乎極為有效的讀書方法。近來有關學習的研究，以及如何將之應用於生活的成人書籍中，有 Brown 在二〇一四年的著作，當然還有歐克莉教授在二〇一四和二〇一七年的著作。Robert 和 Elizabeth Bjork 關於「有益的困難」的研究也是切題的研究，如果你想要一覽概略，可參閱 Bjork and Bjork, 2011。

4. Rohrer and Pashler, 2010; Rohrer et al., 2014.

5. Phillips, 1995; Kirschner et al., 2006.

6. Rittle-Johnson et al., 2015.

7. 這個點子要感謝 Zella McNichols（電子郵件通信，Jeremiah McNichols, 二〇一七年十二月）。

第十三章：問自己重要的問題

1. Baddeley et al., 2009, chapter 8.

2. 本段的部分資訊取自芭芭拉在 Mindshift MOOC 的影片：https://www.coursera.org/learn/mindshift/lecture/KON78/29integrate-all-your-senses-into-learning-the-pitfallsoflearning-styles。參閱 Beth Rogowsky 在 Rogowsky et al., 2015 的研究。亦參閱 Beth 與 Terry 的網路研討會：http://www.brainfacts.org/sensing-thinking-behaving/learning-and-memory/articles/2016/learning-styles-hurt-learning-01216/。在這個網路研討會中，Beth 特意表明那些著重「以正確的學習方式教學」的老師，可能讓自己遭到起訴。其他資料包括 Coffield, 2012 以及 Willingham, 2010 中出色的討論。

3. Xie et al., 2013.
4. Walker, 2017.
5. 類似的情況，近來一項研究（Settles and Hagiwara, 2018）顯示，在語言學習應用軟體 Duolingo 上，最好的學習者是在每晚睡覺之前復習的人，包括週末的時間。
6. Patston and Tippett, 2011; Shih et al., 2012; Thompson et al., 2012.
7. 感謝 Kalyani Kandula（電子郵件通信，二〇一七年十一月二十二日）。

第十四章：學習帶來的驚喜

1. Bavelier et al., 2012; Anguera et al., 2013; Schenk et al., 2017.
2. DeCaro et al., 2015.
3. White and Shah, 2011.

第十五章：如何考出好成績

1. Belluck, 2011; Karpicke and Blunt, 2011.
2. 造訪費爾德博士的網站 http://www4.ncsu.edu/unity/lockers/users/f/felder/public/，有

大量關於學習 STEM（譯註：STEM 是科學〔Science〕、技術〔Technology〕、工程學〔Engineering〕及數學〔Mathematics〕四個學科的首字母縮略語）學科的各種有用資訊。他最初的考前檢核清單見於 Felder, 1999。

3. Smith et al., 2016.
4. Sapolsky, 2015; Luksys and Sandi, 2014.
5. Beilock, 2010, pp. 140–141.
6. Rupia et al., 2016.

第十六章：從被動到主動

1. DeFelipe et al., 2014.
2. Burton, 2008.

[小測驗練習]解答

1. 這些比喻要感謝 Mindshift MOOC 上的評論者 Vikrant Karandikar、Juan Fran Gómez Martín 和 and Dennise 提供。

誌謝

我們要感謝企鵝出版集團的編輯 Joanna Ng，她是非常優秀的編輯，因為有她，這個計畫才更加完善。我們的作家經紀人 Rita Rosenkranz 提供了莫大的支持與指導。Adam Johnson 為本書設計出一流的封面。Sheila Moody 是絕佳的文稿編輯，而 Sabrina Bowers 的版面編排無可挑剔。我們也要感謝 Marlena Brown 和 Roshe Anderson 在宣傳和行銷方面的支援。

我們感激以下人士的協助。（若不慎遺漏任何名字，敬請原諒。）

Unas 和 Ahmed Aamir；Ben、Maureen、Cooper 和 Crash Ackerly；Cathi Allen；Arden 和 Eileen Arabian；Bafti and Iliriana Baftiu；Maliha Balala；John Becker；Robert Bell；Elena Benito；Pamela Bet；Annie Brookman-Byrne；Keith Budge 和比代爾學校；Paul Burgmayer 和學生；Christina Buu-Hoan、Kailani 和 Gavin Buu-Doerr；Meigra 和 Keira Chin；Romilly Cocking；Ruth Collins；Christine Costa；Massimo Curatella；Andy Dalal；Simon 和 Nate Dawson；Yoni Dayan；Javier DeFelipe；Pablo Denis；Sudeep Dhillon；Melania Di Napoli；Matthieu Dondey；Catherine Dorgan 和家人；

Susan Dreher，Dina Eltareb，Richard Felder，Jessica Finnigan 和家人，Shamin Formoso 和學生，Jeffrey Frankel，Beatrice Golomb，Jane Greiner，Maureen Griffin 和學生，Tarik Guenab，Gary Hafer，Greg Hammons，Paula Hoare，Richard Hypio，Shaju 和 Isabella Jacob，M. Johnson，Karine Joly 與她的兒子 Horatio 和 Valerius，Jonneke Jorissen，Kalyani Kandula，Sahana Katakol，Tanya 和 Laura Kirsch，Jake Kitzmann，Cristina Koppel，Barbora Kvapilová，Loi Laing，Aune Lillemets，Susan Lucci，Beate Luo，Jennifer 和 Matthew Mackerras，Genevieve Malcolm，Kyle Marcroft，Anaya、Nafisa 和 Mohamed Marei，Max Markarian，David Matten，Susan Maurice 和學生，Jo、Lulu、Ewan 和 Jacob McConville，Zella 和 Jeremiah McNichols，Jim Meador，Jill Meisenheimer，Gerry Montemayor，Mary Murphy，Aleksandra Nekrasova，Patricia Nester，Michael Nussbaum，Philip、Roslyn 和 Rachel Oakley，Jennifer Padberg，Saadia Peerzada，Violeta Piasecka，Michael Pichel，Jocelyn Roberts，Rev. Dr. Melissa Rudolph，Dennis Ryan，Leslie Schneider，Grace Sherrill，Julia Shewry，Maya Sirton，Vince Stevenson，Ray Symmes，Jimi Taiwo，Lauren Teixeira，Louise 泰瑞 Louise Terry，Barbara Tremblay，Donna 和 Hannah Trenholm，Bonny Tsai，Bonnie Turnbull，Robert Van Til 和奧克蘭大學，Vickie Weiss 和學生，Alan Woodruff，Arthur Worsley，Julia Zanutta。還有小狗 Violet。

作者和插畫家簡介

芭芭拉・歐克莉博士是暢銷書《給大人的人生翻轉學》和《大腦喜歡這樣學》的作者，後者已經譯成十餘種語言，發行全球。她與泰倫斯・索諾斯基創立並教授大型開放線上課程"Learning How to Learn: Powerful Mental Tools to Help You Master Tough Subjects"，這個全球廣受歡迎的線上課程擁有數以百萬計的學生。歐克莉的貢獻被許多媒體如《紐約時報》和《華爾街日報》等知名刊物報導。

歐克莉在世界各地的大學、組織、協會和機構廣泛發表演說，她在許多國家舉辦關於有效學習和有效教學的研討會和講座，不但見解深刻，內容更是引人入勝。身為麥克馬斯達大學（McMaster University）全球數位學習的傑出學者，她帶領世界各地的工作坊並且擔任顧問，致力於製作有成效的線上教材。

歐克莉也是電機與電子工程師學會（IEEE）會員、密西根大學年度傑出教授、密西根州羅切斯特的奧克蘭大學工程學教授。她的研究和興趣引領她接觸神經科學，並且開設大規模開放線上課程，在課程中，她提供了許多奠基於神經科學的實用見解，致力於改善全世界的教育。她贏得若干工程學的最高教育獎項，包括美國工程教育協會切斯特・卡爾森獎（American Society of Engineering Education Chester F. Carlson Award），表彰她在 STEM 教學上傑出的技術創新；她也因為在生物工程學教育上做出典範性的貢獻，而獲頒西奧・皮爾金頓獎（Theo L. Pilkington Award）。想知道更多關於歐克莉博士的事蹟，請上她的個人網站 barbaraoakley.com。

泰倫斯（泰瑞）・約瑟・索諾斯基博士現為霍華德・休斯醫學研究所（Howard Hughes Medical Institute）研究員暨沙克研究所生物研究法蘭西斯・克里克教授（Francis Crick Professor），主持計算神經生物學實驗室（Computational Neurobiology Laboratory）。二〇〇四年被任命為法蘭西斯・克里克教授和沙克研究所克里克—雅各理

論與計算生物學中心（Director of the Crick-Jacobs Center for Theoretical and Computational Biology）主任。索諾斯基身兼聖地牙哥加州大學生物科學教授及神經科學、心理學、認知科學、電腦科學和工程學系兼任教授，並擔任神經計算研究所（Institute for Neural Computation）副所長。

索諾斯基與傑弗里·辛頓（Geoffrey Hinton）共同發明了波茲曼機，並首創將學習的演算法應用到說話（NETtalk）和視力的障礙問題。他和東尼·貝爾（Tony Bell）為獨立成分分析而設計的 Infomax 演算法已被廣泛運用於機器學習、信號處理和資料探勘。一九八九年，他創辦《神經計算》（*Neural Computation*）期刊，這份關於神經網絡和計算神經科學領域的頂尖期刊，由麻省理工學院出版社發行。他也是非營利組織神經資訊處理系統基金會的會長，該基金會主持每年舉辦的神經資訊處理系統會議。索諾斯基是入選三所美國國家學院（科學、醫學和工程學）的十二個僅有的在世科學家之一。

阿利斯泰爾·麥康維是英國漢普郡比代爾學校（Bedales School）學習與創新部主任。他在劍橋大學研讀神學，陸續在多所英國獨立學校教授哲學、宗教研究和古典文學。自從參與二〇一二年哈佛大學的「心智、大腦與教育」運動後，一直對神經科學和教育深感興趣。麥康維的作品刊載在《心智、大腦與教育》（*Mind, Brain, and Education*）期刊，他也為《泰晤士報教育副刊》（*Times Educational Supplement*）撰寫教育議題的文章。麥康維曾在英國各種教育會議中發言。

麥康維現為獨立學校督學和校董會成員，擔任伊頓公學創新與研究中心指導委員會的委員。他積極參與致力於結合教育研究與課堂實務的國際研究學院（Research Schools International）運動。麥康維在比代爾學校負責督導獨特而先進的課程。他飼養的動物包括豬、蜜蜂、雞，育有三名子女。現在他已取得化學科的普通中等教育證書（GCSE）。

奧利佛·楊恩（Oliver Young）是英國中等學校的設計與工藝老師，在許多獨立／國家資助的機構負責青少年的教育課程。他從倫敦聖馬丁美術學校畢業後，開始從事工程製圖師的工作，之後投入教職。他曾在「F1 in Schools」競賽中大放異彩，獲頒倫敦城市行業協會（City and Guilds of London Institute's Computer Aided Design）電腦輔助設計參數化模型獎。楊恩曾帶著名為「Shellshock」的機器人參與英國機械競技電視節目《超暴力激鬥》（*Robot Wars*），也曾為設計與工藝協會（Design and Technology Association）出版的雜誌 *Designing* 撰寫有關電腦輔助設計與製造的文章。他是車床鏇工與綠色木工協會（Association of Pole Lathe Turners and Green Woodworkers）會員及圖像小說《名叫喬的變形蟲》（*An Amoeba Called Joe*）作者。他負責本書的插畫部分，育有三名子女。他是兵工廠（Arsenal）足球俱樂部的擁護者，還在搖滾樂團擔任吉他手。想知道更多關於奧利佛的事，請上他的個人網站 oliveryoung.com。

推薦資源

以下有用的資源，為本書所探討的主題提供了新的觀點。

網路資源

- Khan Academy。這是很棒的資源。看完每段影片後，記得要積極練習，成效會更好！ https://www.khanacademy.org
- Smartick。這個計畫可以為你建立以充分練習為前提的紮實數學基礎。如果你的數學學得很吃力，這是絕佳的資源。如果你的數學成績還不錯，這個網站也可以幫助你更上一層樓。https://www.smartickmethod.com
- BrainHQ。少數的「認知改善」計畫之一，裡面的內容以令人信服的科學事實為背景——尤其可以幫助年長者改善他們的專注力。如果你的爺爺奶奶常常抱怨他們不像以前一樣反應敏捷了，推薦這個計畫給他們！https://www.brainhq.com/
- Frontiers for Young Minds。適合孩子理解的科學知識，這份開放式科學期刊由科學家撰寫內容，孩童擔任編輯，以及由孩童和青少年組成的委員會進行複審。https://kids.frontiersin.org/
- The Queensland Brain Institute。經營很棒的專欄、播客和一份雜誌。https://qbi.uq.edu.au/
- BrainFacts.org。介紹大腦運作的各種資訊。http://www.brainfacts.org/
- The Nervous System, Crash Course。https://www.youtube.com/watch?time_continue=113&v=qPix_X-9t7E。內容有趣且富含教育性。
- “5 Memory Tips to Get You Started”，尼爾森·德利的網站。曾獲四連霸的美國記憶力冠軍製作了一系列精彩的記憶秘訣影片，幫助你提升記憶力。https://www.youtube.com/ watch? v= bEx60e_45Q。也可以參閱尼爾森的著作《*Remember It!*》第 219 頁。
- “Learning How to Learn: Powerful Mental Tools to Help You Master Tough Subjects”，由芭芭拉·歐克莉和泰倫斯·索諾斯基在聖地牙哥加州大學開設的大型開放線上課程。https://www.coursera.org/learn/learning-how-to-learn.
- “Mindshift: Break Through Obstacles to Learning and Discover Your Hidden Potential”，由芭芭拉·歐克莉和泰倫斯·索諾斯基在聖地牙哥加州大學開設的大型開放線上課程。https://www.coursera.org/learn/mindshift.

適合小大人閱讀的大腦書

- *My First Book About the Brain*, by Patricia J. Wynne and Donald M. Silver （New York: Dover Children's Science Books, 2013）。這本得獎的著色本極富教育性，被運用在某些正規的課程之中。適合八至十二歲孩童閱讀，但成年人似乎也很享受這種學習時放鬆的著色活動。
- *The Brain: All About Our Nervous System and More!*, by Seymour Simon （New York: HarperCollins, 2006）。適合六至十歲閱讀，穿插以放射掃描儀所拍攝的彩色影像，探討長期和短期記憶、神經元、樹狀突等腦科學知識。
- *What Goes On in My Head?*, by Robert Winston （New York: DK Publishing, 2014）。適合九至十三歲閱讀，幫助理解大腦運作的彩色書籍。

以神經科學為基礎、為有學習障礙者設置的頂尖計畫，包括閱讀障礙、聽覺處理失調、自閉症以及比較一般的學習障礙者

- https://www.scilearn.com，他們開發的"Fast ForWord"和"Reading Assistant"軟體值得推薦。

以神經科學為基礎、為學習英語者打造的計畫

- https://www.scilearn.com，他們的軟體"Reading Assistant"特別值得推薦。(這個計畫在全世界有許多課程和機構。)

給成人的學習書籍

- *The Art of Changing the Brain: Enriching the Practice of Teaching by Exploring the Biology of Learning*, by James E. Zull （Sterling, VA: Stylus Publishing, 2002）.
- *The Art of Learning: An Inner Journey to Optimal Performance*, by Josh Waitzkin （New York: Free Press, 2008）.
- 《深度工作力》，卡爾．紐波特（Cal Newport）著，繁體中文版由時報出版。學習往往涉及能夠專注的技巧，紐波特的書提供了很棒的概念。
- *I Am Gifted, So Are You!*, by Adam Khoo （Singapore: Marshall Cavendish, 2014）。我們都喜歡 Adam 的個人故事和他所提供實用的洞見。
- *Make It Stick: The Science of Successful Learning*, by Peter C. Brown, Henry L.

Roediger III, and Mark A. McDaniel（Cambridge, MA: Harvard University Press, 2014）。在以成人學習為主題的書籍中，這是我們最喜歡的著作之一。

- 《大腦喜歡這樣學》，芭芭拉·歐克莉著，繁體中文版由木馬文化出版。即使有老王賣瓜之嫌，這確實是一本關於學習法的好書。書中涉及本書提到的某些觀念，但是從成人的觀點出發解釋，包含了許多額外的洞見。
- 《給大人的人生翻轉學》，芭芭拉·歐克莉著，繁體中文版由木馬文化出版。這本書探討如何透過學習改變自我，有時結果會讓你出乎意料！
- 《刻意練習：原創者全面解析，比天賦更關鍵的學習法》，安德斯·艾瑞克森與羅伯特·普爾著，繁體中文版由方智出版。順帶一提，作者所稱「心智表徵」類似於我們在《學習如何學習》中所稱的「腦連結組」。
- *Remember It! The Names of People You Meet, All Your Passwords, Where You Left Your Keys, and Everything Else You Tend to Forget* by Nelson Dellis（New York: Abrams Image, 2018）。這是探討成人培養記憶力最好的著作之一。

插畫版權

- Barb Oakley, photo by Rachel Oakley, courtesy Barbara Oakley.
- Terrence Sejnowski, courtesy the Salk Institute and Terrence Sejnowski.
- Alistair McConville, photo by Sarah Sheldrake, courtesy Alistair McConville.
- Barb Oakley with Earl the lamb, courtesy Barbara Oakley.
- Phil Oakley in Antarctica, courtesy Philip Oakley.
- Iliriana Baftiu doing a picture walk, © 2018 Bafti Baftiu.
- Magnus Carlsen and Garry Kasparov, image courtesy CBS News.
- MRI scanner at Narayana Multispeciality Hospital, Jaipur, by GeorgeWilliams21, https://commons.wikimedia.org/wiki/File:MRI_Scanner_at_Narayana_Multispeciality_Hospital,_Jaipur.jpg.
- Sagittal brain MRI, by Genesis12~enwiki at English Wikipedia, https://commons.wikimedia.org/wiki/File:Sagittal_brain_MRI.jpg.
- Iliriana Baftiu in focused mode, © 2018 Bafti Baftiu.
- Iliriana Baftiu in diffuse mode, © 2018 Bafti Baftiu.
- Pyramid of dimes, courtesy the author.

- Iliriana Baftiu appearing frustrated, © 2018 Bafti Baftiu.
- Pomodoro timer, Autore: Francesco Cirillo rilasciata a Erato nelle sottostanti licenze seguirÃ OTRS,
- http://en.wikipedia.org/wiki/File:Il_pomodoro.jpg.
- Iliriana Baftiu relaxing, © 2018 Bafti Baftiu.
- Public domain image by Douglas Myers, https://commons.wikime dia.org/wiki/File:EEG_cap.jpg.
- Uploaded into the German Wikipedia by Der Lange 11/ 6/ 2005, created by himself, https://commons.wikimedia.org/w/index.php?title=File:Spike-aves.png.
- Santiago Ramón y Cajal in Zaragoza, Spain (ca. 1870), https://commons.wikimedia.org/wiki/File:Santiago_Ram%C3%B3n_y_Cajal,_estudiante_de_medicina_en_Zaragoza_1876.jpg.
- Alistair McConville as a boy, photo courtesy Alistair McConville.
- Alistair McConville with students, photo by Sarah Sheldrake, courtesy Alistair McConville.
- Alistair McConville with Violet, photo by Sarah Sheldrake, courtesy Alistair McConville.
- Photo of Guang Yang, courtesy Guang Yang and NYU Langone Health.
- Inverted light microscopy image of neuron altered from original image, courtesy Guang Yang.
- Image credit: modified from patellar tendon reflex arc by Amiya Sarkar (CC BYSA 4.0); the modified image is licensed under a CC BYSA 4.0 license, obtained from https://www.khanacademy.org/science/biology/behavioral-iology/animal-ehavior/a/innate-ehaviors.
- Brick walls, © 2014 Kevin Mendez
- Iliriana Baftiu using recall, © 2018 Bafti Baftiu.
- Puzzle of man's face, © 2014 Kevin Mendez.
- Photo of Nelson Dellis, courtesy Nelson Dellis.
- Monkeys in a benzene ring formation, from Berichte der Durstigen Chemischen Gesellschaft (1886), p. 3536.
- Conventional benzene ring modified from http://en.wikipedia.org/wiki/File:

Benzene2Dfull.svg.

- Tom Morris, https://en.wikipedia.org/wiki/Rubber_duck_debugging#/media/File:Rubber_duck_assisting_with_debugging.jpg.
- Rachel Oakley learning to back up a car, © 2018 Philip Oakley.
- Rachel easily backing up, © 2018 Philip Oakley.
- Terry with members of the radio club, photo courtesy Terrence Sejnowski.
- Terry and fellow club members adjusting a radio antenna, photo courtesy Terrence Sejnowski.
- Terry at Princeton, photo courtesy Terrence Sejnowski.
- Terry today at the Salk Institute, © 2014 Philip Oakley.
- Julius Yego, photo by Erik van Leeuwen, attribution: Erik van Leeuwen (bron: Wikipedia).— rki.nl, GFDL, https://commons.wikimedia.org/w/index.php?curid=42666617.
- Https:// commons.wikimedia.org/ wiki/ File:Hippocampus_ and _ seahorse_ cropped.JPG.
- Image of "BDNF- ased synaptic repair" by kind permission of Bai Lu, after "BDNF- ased synaptic repair as a disease- odifying strategy for neurodegenerative diseases," Nature Reviews Neuroscience 14, 401–16 (2013).
- Puzzle of man in Mustang, partly assembled, image © 2014 Kevin Mendez and Philip Oakley.
- Puzzle of man in Mustang, faint and partly assembled, image © 2014 Kevin Mendez and Philip Oakley.
- Benjamin Franklin, by Joseph Siffred Duplessis, National Portrait Gallery, Smithsonian Institution, gift of the Morris and Gwendolyn Cafritz Foundation, http:// npg.si.edu/ object/ npg_ NPG.87.43.
- Construction paper brain- inks, ©2018 Zella McNichols.
- Al enjoys a video game with his son, Jacob, photo by Sarah Sheldrake, courtesy Alistair McConville.
- Elena Benito on a Segway, photo courtesy Elena Benito.
- Dime solution, image courtesy the author.

＊其餘所有插畫由奧利佛·楊恩繪製

參考資料

我們在此提供一些最重要的資料，好讓你明白一份正規的文獻資料看起來是什麼樣子。如果你想獲得更多資訊，請參見芭芭拉的其他著作（如《大腦喜歡這樣學》和《給大人的人生翻轉學》）中更完整的參考文獻。

- Anacker, C, and R Hen. "Adult hippocampal neurogenesis and cognitive flexibility linking memory and mood." *Nature Reviews: Neuroscience* 18, 6（2017）: 335– 46.
- Anderson, ML. *After Phrenology: Neural Reuse and the Interactive Brain.* Cambridge, MA: MIT Press, 2014.
- Anguera, JA, et al. "Video game training enhances cognitive control in older adults." *Nature* 501, 7465 （2013）: 97– 01.
- Baddeley, A, et al. *Memory.* New York: Psychology Press, 2009.
- Bavelier, D, et al. "Brain plasticity through the life span: Learning to learn and action video games." *Annual Review of Neuroscience* 35 （2012）: 391– 16.
- Beilock, S. *Choke: What the Secrets of the Brain Reveal about Getting It Right When You Have To.* New York: Free Press, 2010.
- Belluck, P. "To really learn, quit studying and take a test." *New York Times*, January 20, 2011. http://www.nytimes.com/2011/01/ 21/science/21memory.html.
- Bird, CM, et al. "Consolidation of complex events via reinstatement in posterior cingulate cortex." *Journal of Neuroscience* 35, 43 （2015）: 14426– 14434.
- Bjork, EL, and RA Bjork. "Making things hard on yourself, but in a good way: Creating desirable difficulties to enhance learning." Chapter 5 in *Psychology and the Real World: Essays Illustrating Fundamental Contributions to Society*, MA Gernsbacher, RW Pew, LM Hough,and JR Pomerantz, eds. New York: Worth Publishers, 2011, pp. 59–68.
- Brown, PC, et al. *Make It Stick: The Science of Successful Learning.* Cambridge, MA: Harvard University Press, 2014.
- Burton, R. *On Being Certain: Believing You Are Right Even When You're Not.* New York: St. Martin's Griffin, 2008.

- Butler, AC. “Repeated testing produces superior transfer of learning relative to repeated studying.” *Journal of Experimental Psychology: Learning, Memory, and Cognition* 36, 5 （2010）: 1118.
- Carpenter, SK, et al. “Using spacing to enhance diverse forms of learning: Review of recent research and implications for instruction.” *Educational Psychology Review* 24, 3 （2012）: 369–378.
- Christoff, K, et al. “Mind- andering as spontaneous thought: A dynamic framework.” *Nature Reviews Neuroscience* 17, 11 （2016）: 718–731.
- Coffield, F. “Learning styles: Unreliable, invalid and impractical and yet still widely used.” Chapter 13 in *Bad Education: Debunking Myths in Education*, P Adey and J Dillon, eds. Berkshire, UK: Open University Press, 2012, pp. 215–230.
- Cowan, N. “The magical number 4 in short- erm memory: A reconsideration of mental storage capacity.” *Behavioral and Brain Sciences* 24, 1 （2001）: 87–114.
- DeCaro, MS, et al. “When higher working memory capacity hinders insight.” *Journal of Experimental Psychology: Learning, Memory and Cognition* 42, 1 （2015）: 39–49.
- DeFelipe, J, et al. “The death of Cajal and the end of scientific romanticism and individualism.” *Trends in Neurosciences* 37, 10 （2014）: 525–527.
- Di, X, and BB Biswal. “Modulatory interactions between the default mode network and task positive networks in resting- tate.” *Peer Journal* 2 （2014）: e367.
- Dresler, M, et al. “Mnemonic training reshapes brain networks to support superior memory.” *Neuron* 93, 5 （2017）: 1227- 235.e6.
- Dunlosky, J, et al. “Improving students’ learning with effective learning techniques: Promising directions from cognitive and educational psychology.” *Psychological Science in the Public Interest* 14, 1 （2013）: 4–58.
- Dweck, CS. *Mindset: The New Psychology of Success*. New York: Random House, 2006.
- Ericsson, KA. “Exceptional memorizers: Made, not born.” *Trends in Cognitive Sciences* 7, 6 （2003）: 233–235.
- ———. “The influence of experience and deliberate practice on the development

of superior expert performance." *Cambridge Handbook of Expertise and Expert Performance* 38 （2006）: 685–705.

- Ericsson, KA, and R Pool. *Peak: Secrets from the New Science of Expertise*. New York: Eamon Dolan/ Houghton Mifflin Harcourt, 2016.
- Felder, RM. "Memo to students who have been disappointed with their test grades." *Chemical Engineering Education* 33, 2 （1999）: 136–137.
- Gallistel, CR, and LD Matzel. "The neuroscience of learning: Beyond the Hebbian synapse." *Annual Review of Psychology* 64, 1 （2013）: 169–200.
- Gobet, F, et al. "What's in a name? The multiple meanings of 'chunk' and 'chunking.'" *Frontiers in Psychology* 7 （2016）: 102.
- Guida, A, et al. "Functional cerebral reorganization: A signature of expertise? Reexamining Guida, Gobet, Tardieu, and Nicolas' （2012） two- stage framework." *Frontiers in Human Neuroscience* 7, doi: 10.3389 / fnhum.2013.00590. eCollection （2013）: 590.
- Guida, A, et al. "How chunks, long- erm working memory and templates offer a cognitive explanation for neuroimaging data on expertise acquisition: A two- tage framework." *Brain and Cognition* 79, 3 （2012）: 221–244.
- Guskey, TR. "Closing achievement gaps: Revisiting Benjamin S. Bloom's 'Learning for Mastery.'" *Journal of Advanced Academics* 19, 1 （2007）: 8–31.
- Hunt, A, and D Thomas. *The Pragmatic Programmer: From Journeyman to Master*. Reading, MA: Addison- esley Professional, 1999.
- Karpicke, JD, and A Bauernschmidt. "Spaced retrieval: Absolute spacing enhances learning regardless of relative spacing." *Journal of Experimental Psychology: Learning, Memory, and Cognition* 37, 5 （2011）: 1250.
- Karpicke, JD, and JR Blunt. "Retrieval practice produces more learning than elaborative studying with concept mapping." *Science* 331, 6018 （2011）: 772–775.
- Kirschner, PA, et al. "Why minimal guidance during instruction does not work: An analysis of the failure of constructivist, discovery, problem- ased, experiential, and inquiry- ased teaching." *Educational Psychologist* 41, 2 （2006）: 75–86.

- Lin, TW, and YM Kuo. "Exercise benefits brain function: The monoamine connection." *Brain Sciences* 3, 1 (2013): 39–53.
- Lu, B, et al. "BDNF- ased synaptic repair as a disease- odifying strategy for neurodegenerative diseases." *Nature Reviews: Neuroscience* 14, 6 (2013): 401.
- Luksys, G, and C Sandi. "Synaptic mechanisms and cognitive computations underlying stress effects on cognitive function." Chapter 12 in *Synaptic Stress and Pathogenesis of Neuropsychiatric Disorders*, M Popoli, D Diamond, and G Sanacora, eds. New York: Springer, 2014, pp. 203–222.
- Maguire, EA, et al. "Routes to remembering: The brains behind superior memory." *Nature Neuroscience* 6, 1 (2003): 90.
- Moussa, M, et al. "Consistency of network modules in resting- tate fMRI connectome data." PLoS ONE 7, 8 (2012): e44428.
- Oakley, BA. *A Mind for Numbers: How to Excel at Math and Science*. New York: Tarcher/ Penguin, 2014.
- Oakley, BA. *Mindshift: Break Through Obstacles to Learning and Discover Your Hidden Potential*. New York: TarcherPerigee, 2017.
- Partnoy, F. *Wait: The Art and Science of Delay*. New York: PublicAffairs, 2012.
- Patston, LL, and LJ Tippett. "The effect of background music on cognitive performance in musicians and nonmusicians." *Music Perception: An Interdisciplinary Journal* 29, 2 (2011): 173–183.
- Phillips, DC. "The good, the bad, and the ugly: The many faces of constructivism." *Educational Researcher* 24, 7 (1995): 5–12.
- Qin, S, et al. "Hippocampal- eocortical functional reorganization underlies children's cognitive development." *Nature Neuroscience* 17 (2014): 1263–1269.
- Ramón y Cajal, S. *Recollections of My Life*. Cambridge, MA: MIT Press, 1937 (reprint 1989). Originally published as *Recuerdos de Mi Vida* in Madrid, 1901– 917, translated by EH Craigie.
- Rittle- ohnson, B, et al. "Not a one- ay street: Bidirectional relations between procedural and conceptual knowledge of mathematics." *Educational Psychology Review* 27, 4 (2015): 587–597.
- Roediger, HL, and MA Pyc. "Inexpensive techniques to improve education:

Applying cognitive psychology to enhance educational practice." *Journal of Applied Research in Memory and Cognition* 1, 4 （2012）: 242–248.

- Rogowsky, BA, et al. "Matching learning style to instructional method: Effects on comprehension." *Journal of Educational Psychology* 107, 1 （2015）: 64–78.
- Rohrer, D, et al. "The benefit of interleaved mathematics practice is not limited to superficially similar kinds of problems." *Psychonomic Bulletin Review* （2014）: 1323–1330.
- Rohrer, D, and H Pashler. "Recent research on human learning challenges conventional instructional strategies." *Educational Researcher* 39, 5 （2010）: 406–412.
- Rupia, EJ, et al. "Fight- ight or freeze- ide? Personality and metabolic phenotype mediate physiological defence responses in flatfish." *Journal of Animal Ecology* 85, 4 （2016）: 927–937.
- Sapolsky, RM. "Stress and the brain: Individual variability and the invertedU." *Nature Neuroscience* 18, 10 （2015）: 1344–1346.
- Schenk, S, et al. "Games people play: How video games improve probabilistic learning." *Behavioural Brain Research* 335, Supplement C（2017）: 208–214.
- Scullin, MK, et al. "The effects of bedtime writing on difficulty falling asleep: A polysomnographic study comparing to-do lists and completed activity lists." *Journal of Experimental Psychology: General* 147, 1 （2018）: 139.
- Settles, B, and Hagiwara, M. "The best time of day to learn a new language, according to Duolingo data," *Quartz*, Feb 26, 2018. https://qz.com/1215361/the-best-time-of-day-to-learn-a-new-language-according-duolingo-data.
- Shenhav, A, et al. "Toward a rational and mechanistic account of mental effort." *Annual Review of Neuroscience* 40, 1 （2017）: 99–124.
- Shih, YN, et al. "Background music: Effects on attention performance." *Work* 42, 4 （2012）: 573–578.
- Smith, AM, et al. "Retrieval practice protects memory against acute stress." *Science* 354, 6315 （2016）.
- Sweller, J, et al. *Cognitive Load Theory*. New York: Springer, 2011.
- Szuhany, KL, et al. "A meta- nalytic review of the effects of exercise on brain-

derived neurotrophic factor." *Journal of Psychiatric Research* 60 (2015): 56–64.

- Thompson, WF, et al. "Fast and loud background music disrupts reading comprehension." *Psychology of Music* 40, 6 (2012): 700–708.
- Thurston, WP. "Mathematical education." *Notices of the American Mathematical Society* 37, 7 (1990): 844–850.
- van der Schuur, WA, et al. "The consequences of media multitasking for youth: A review." *Computers in Human Behavior* 53 (2015): 204–215.
- Van Praag, H. "Exercise and the brain: Something to chew on." *Trends in Neurosciences* 32, 5 (2009): 283–290.
- Van Praag, H, et al. "Running enhances neurogenesis, learning, and long- term potentiation in mice." *Proceedings of the National Academy of Sciences of the United States of America* 96, 23 (1999): 13427–13431.
- Vlach, HA, and CM Sandhofer. "Distributing learning over time: The spacing effect in children's acquisition and generalization of science concepts." *Child Development* 83, 4 (2012): 1137–1144.
- Waitzkin, J. *The Art of Learning: An Inner Journey to Optimal Performance*. New York: Free Press, 2008.
- Walker, M. *Why We Sleep: Unlocking the Power of Sleep and Dreams*. New York: Scribner, 2017.
- White, HA, and P Shah. "Creative style and achievement in adults with attention- eficit/ hyperactivity disorder." *Personality and Individual Differences* 50, 5 (2011): 673–677.
- Willingham, D. *Why Don't Students Like School? A Cognitive Scientist Answers Questions About How the Mind Works and What It Means for the Classroom*. San Francisco, CA: Jossey- ass, 2010.
- Xie, L, et al. "Sleep drives metabolite clearance from the adult brain." *Science* 342, 6156 (2013): 373–377.
- Yang, G, et al. "Sleep promotes branch- pecific formation of dendritic spines after learning." *Science* 344, 6188 (2014): 1173–1178.
- Zull, JE. *The Art of Changing the Brain: Enriching the Practice of Teaching by Exploring the Biology of Learning*. Sterling, VA: Stylus Publishing, 2002.

學習如何學習

Learning How to Learn：How to Succeed in School Without Spending All Your Time Studying; A Guide for Kids and Teens

作　　者　芭芭拉・歐克莉、泰倫斯・索諾斯基、阿利斯泰爾・麥康維
（Barbara Oakley、Terrence Joseph Sejnowski、Alistair McConville）
譯　　者　林金源
副 社 長　陳瀅如
責任編輯　李嘉琪
封面設計　李東記
內頁排版　Juppet
行銷企畫　姚立儷

出　　版　木馬文化事業股份有限公司
發　　行　遠足文化事業股份有限公司（讀書共和國出版集團）
地　　址　231 新北市新店區民權路 108-4 號 8 樓
電　　話　(02) 22181417
傳　　真　(02) 22180727
E m a i l　service@bookrep.com.tw
郵撥帳號　19588272 木馬文化事業股份有限公司
客服專線　0800221029
法律顧問　華洋法律事務所　蘇文生律師
印　　刷　呈靖彩藝有限公司
初　　版　2019 年 4 月
初版22刷　2024 年 3 月

定　　價　330 元
I S B N　978-986-359-658-5

國家圖書館出版品預行編目（CIP）資料

學習如何學習 / 芭芭拉．歐克莉 (Barbara Oakley), 泰倫斯．索諾斯基 (Terrence Joseph Sejnowski), 阿利斯泰爾．麥康維 (Alistair McConville) 著；林金源．-- 初版．-- 新北市：木馬文化出版：遠足文化發行，2019.04
面；　公分
譯　自：Learning how to learn：how to succeed in school without spending all your time studying
ISBN 978-986-359-658-5(平裝)

1. 學習方法 2. 學習策略 3. 大腦科學

521.1 108003985

木馬臉書粉絲團
http://www.facebook.com/ecusbook